MAIS C'EST UN COMPLOT !

Des mêmes auteurs

Benjamin Brillaud

Cuisiner l'histoire. 35 recettes inspirées par les grands personnages historiques, avec Thibaud Villanova, Paris, Hachette « Heroes », 2021.

Nota Bene. La mythologie égyptienne, Soleil, 2021.

Nota Bene. La mythologie nordique, Soleil, 2020.

Nota Bene. À la rescousse de l'histoire, Soleil, 2019.

Nota Bene. Petites histoires, grands destins !, Soleil, 2019.

Nota Bene. Les pires batailles de l'histoire, Robert Laffont, 2016 ; rééd. Tallandier, « Texto », 2018.

Stéphane Genêt

L'Affaire écossaise, Librinova, 2020.

Les Espions des Lumières, Nouveau Monde éditions, 2013 ; rééd. Éditions du Septentrion, 2018.

Benjamin Brillaud
Stéphane Genêt

Mais c'est un complot !

Conspirations, intrigues et coups fourrés dans l'Histoire

Tallandier

48, rue du Faubourg-Montmartre – 75009 Paris
www.tallandier.com

PRÉAMBULE

À l'heure où la science et l'accessibilité de l'information ne se sont jamais aussi bien portées, une mystérieuse épidémie semble frapper notre société. Partout, c'est la crise de la confiance. Le dialogue se rompt, les regards s'échangent, interrogateurs, accusateurs même. Chaque événement de notre histoire contemporaine devient un prétexte au doute et certains n'hésitent pas à scander haut et fort leur mécontentement. Ils ne sont pas dupes, ils ne suivront pas les moutons, ils ne se laisseront pas berner par ces… complots ! Alors oui, cela est facile, me direz-vous. Pointer du doigt ceux qui posent des questions, qui cherchent une réponse à ce qui se passe dans le monde, de l'origine du Covid-19 aux véritables raisons de l'attentat du 11 Septembre, ne serait-il pas un moyen de les faire taire ?

Poser des questions, chercher à comprendre ce qui nous entoure, n'est pas et ne doit pas être un problème. C'est justement cette curiosité qui stimule l'esprit critique et qui permet à chaque individu d'établir ses propres repères pour définir ses actions et vivre avec les autres. Tenter de répondre au « qui », au « pourquoi ? » et au

« comment ? » en analysant des sources est d'ailleurs à la base de la pratique de l'Histoire, et les historiens travaillent sur des sujets aussi divers que variés, menant l'enquête pendant de nombreuses années pour faire la lumière sur des épisodes historiques souvent complexes. Or, si le pragmatisme des scientifiques qui travaillent sur ces sujets est relativement accessible et nous permet de prendre du recul sur des événements qui peuvent paraître obscurs, l'Histoire « cachée » ou « secrète » que nous promettent certains auteurs, en livre, au cinéma ou sur tout autre support médiatique, a aujourd'hui une portée plus large. Elle offre une porte vers un monde inconnu, dissimulé dans l'ombre de l'histoire officielle, qui expliquerait sans nul doute bien des choses si elle venait à être révélée au grand jour. La pop culture en a fait son cheval de bataille avec des scénarios mettant régulièrement en scène des gouvernements qui cachent une crise, un danger ou qui aspirent à un retournement de l'ordre mondial avant qu'un héros ne révèle la supercherie à la face du monde. Le voile levé, il permet bien souvent de sauver la veuve et l'orphelin ou, au moins, d'établir une morale qui servira aux générations futures.

Ce rêve du complot incarne presque un espoir chez certaines personnes qui, aujourd'hui, revendiquent des positions militantes ou politiques. Et il ne faut pas croire que cela ne touche qu'une catégorie sociale bien identifiée : les profils des « complotistes » sont très divers et les thèses les plus farfelues se développent à travers toutes les sphères de notre société. Il est facile de s'identifier au protagoniste hollywoodien et de s'imaginer renverser les puissants qui mettent en place leur plan diabolique. Et cela donne indéniablement un autre sens à sa propre existence d'envisager que l'on peut considérablement améliorer les choses en luttant contre une force, une entité ou une personnalité démoniaque qui veut nous laisser dans l'ignorance.

Si ces positions peuvent parfois prêter à sourire, il serait bien prétentieux et inconscient de prétendre qu'histoires secrètes et complots n'existent qu'au cinéma ou dans la tête d'illuminés. Car les complots, les conjurations, les machinations et manigances ont bien existé par le passé. Alors, pourquoi pas aujourd'hui ?

Oui, il y a sans aucun doute des choses que l'on nous dissimule ou que l'on veut nous cacher. Mais toutes ces théories du complot que l'on voit pulluler sur Internet et dans les médias sont-elles vraisemblables ? Comment identifier un réel complot ? Définissons déjà de quoi on parle. Il s'agit d'un projet collectif mené dans le plus grand secret afin de nuire à un individu ou à une institution. La définition est large mais elle peut alors coller à de nombreux cas, que ce soit à échelle humaine ou à celle de pays entiers. Ce qui peut caractériser le complot, c'est qu'il a été identifié comme tel, avec des preuves irréfutables de sa mise en application. Quand un soupçon de preuve, qui ne repose sur rien de tangible, pointe ce qui pourrait être alors un complot, on parle de la fameuse « théorie du complot ».

Pour faire la différence entre une vraie et une fausse conspiration, il est essentiel de réaliser un travail intellectuel sur soi-même. Au-delà de l'émotion suscitée par un événement, se poser quelques questions peut être salutaire pour éviter de succomber aux sirènes du complotisme : qui, pourquoi, comment ? Savoir combien de personnes pourraient être impliquées dans l'affaire semble être un bon début. En effet, on peut partir du postulat que plus le nombre de comploteurs ou prétendus tels est élevé, plus le risque que l'un d'entre eux se trahisse en révélant une information est important. Aussi, un complot réussi ne pourrait impliquer plusieurs milliers de personnes. Vous avez sans doute déjà fait l'expérience de vous confier à un proche, pensant que votre parole ainsi libérée serait à l'abri dans ce tombeau d'amitié ou d'amour, et de la déception, ou de la surprise, quand, quelques jours plus tard, vous appreniez que toute la famille était au courant. Si les mécanismes sont différents, vous comprenez ici l'idée ! Un complot induit ainsi un nombre restreint d'acteurs ou une organisation qui puisse mettre en place des mécanismes lourds de manipulation en impliquant des personnes à des degrés divers sans qu'elles le sachent (par exemple, le soldat qui part au front n'a bien souvent pas tous les éléments qui lui permettent de savoir pourquoi il part).

Vient ensuite la question du « pourquoi ? ». Pourquoi nous cacher telle ou telle information, nuire à tel pays ou assassiner telle personne ? Quel profit en tirer ? Bien souvent, les raisons d'un complot établi sont très rationnelles et on est loin du manichéisme du cinéma ou de la littérature avec des méchants parfaits qui cherchent à détruire le monde. Si les raisons du complot peuvent être d'ordre politique ou économique, il est moins probable qu'une assemblée d'hommes riches et puissants conspire pour réduire drastiquement la population mondiale *via* la diffusion d'un virus par exemple. La question de la mise en pratique du complot est également importante à souligner, car si la préparation d'une conspiration est vitale, son exécution l'est tout autant ! Aussi, il faut être efficace et pragmatique dans son approche pour réussir son coup. Quand on cherche à retracer l'itinéraire d'un complot et son mode opératoire, il est alors indispensable de prendre garde aux liens trop hasardeux qui peuvent se tisser. Si le raisonnement qui cherche à démontrer l'existence d'une conspiration semble incohérent ou qu'il se fonde sur des preuves bancales ou une absence de preuve, il est possible que ce prétendu complot n'en soit tout simplement pas un ! D'ailleurs, la question des preuves est centrale quand on évoque le complot. Qui révèle le complot ? Et sur quoi se base-t-il ? L'histoire nous montre qu'il est très peu probable qu'un quidam tombe au hasard sur un document qui lui permette de révéler au monde une effroyable vérité que l'on cherchait à nous cacher. Ce sont, bien souvent, comme nous l'avons dit, des personnes impliquées ou proches du complot qui peuvent fournir des preuves et relayer l'information, par exemple auprès de journalistes spécialisés dans ce genre d'affaires. Car si les médias ont sans aucun doute un rôle à jouer dans la propagande d'État et dans celles des grosses entreprises de notre monde, ils jouent également un rôle de contre-pouvoir et nombre d'enquêtes révélant des complots ou des scandales politiques sont issues de la presse.

Alors pourquoi choisir de remonter le temps et de mettre en lumière des complots qui ont jalonné notre Histoire ? Mettre en avant des exemples concrets de ces machinations politiques, avec la rigueur de l'historien et l'accessibilité du vulgarisateur, peut contribuer à briser le fameux cercle du « on nous cache des choses ! » tout en évitant la facilité du « on ne nous cache rien ». Dans cette époque de *fake news*, d'incertitude climatique, politique, sociale et économique, il paraît important de pouvoir prendre du recul sur la consommation que nous faisons de l'information. Et le métier de l'historien, c'est justement de prendre du temps pour se poser des questions, analyser des contextes et interpréter des événements. Ce qui implique parfois… de ne pas trouver de réponse aux questions posées ! Car l'Histoire, c'est aussi la science de l'humilité.

Se pencher sur les complots ou les théories du complot célèbres de notre histoire est une façon de mettre en lumière leurs mécanismes et de mieux les comprendre pour déconstruire certains discours dangereux et plus contemporains qui se diffusent aisément grâce à nos technologies modernes.

De l'ascension de l'impératrice Irène (Constantinople, 797) à la conspiration de Cinq-Mars (France, 1642) en passant par le coup d'État de Pinochet en 1973 et ses possibles liens avec la CIA, Nixon et le Watergate, jusqu'à des théories funestes autour du 11 Septembre, nous vous proposons ici de voyager à travers les époques et les espaces géographiques pour découvrir des histoires incroyables et leurs protagonistes, les raisons de leur implication, leurs modes opératoires et, bien souvent, leurs échecs !

C'est aussi l'occasion de se servir de ces complots comme d'un prétexte pour découvrir de nouveaux horizons, de contextualiser, de comprendre mais aussi de rire, de retenir son souffle, d'être indigné ou fasciné. Apprendre l'Histoire sans s'en rendre compte, au fil des pages, la décloisonner en ouvrant les esprits, lutter contre les stéréotypes… un programme ambitieux et qui saura vous intéresser comme il a passionné vos serviteurs qui écrivent ces lignes.

1.

La conspiration du Harem : un mystère non résolu ?

Égypte, 1156 avant notre ère

Une chose est sûre : depuis qu'il existe des sociétés humaines, les hommes complotent. Pour attaquer une tribu ennemie, se débarrasser de leurs chefs, s'emparer du feu ou des ressources d'un autre groupe. Mais, et c'est tout le problème pour ces complots anciens comme pour ces périodes ancestrales, les sources historiques restent rares. En clair, on ne les connaît pas ou très mal.

Entourée de mystères et dirigée par des pharaons tout-puissants, l'Égypte antique est logiquement une époque riche en complots visant à attenter à la vie du souverain. Il faut dire que les candidats au poste ne manquent pas. Ces complots, souvent animés par des gardes du corps (ce qui est un comble tout de même !), des généraux ambitieux, des frères impatients ou des épouses teigneuses, restent obscurs car peu documentés. Et ce n'est pas seulement pour des questions de conservation des archives. Dans toutes les sources que l'Égypte antique nous a transmises, il y a clairement eu une volonté politique de gommer tout ce qui aurait pu entacher l'image d'un pharaon tout-puissant ou les remises en cause de son pouvoir.

La « conspiration du harem » n'est donc ni le plus vieux complot au monde ni le plus ancien pour l'Égypte, mais c'est celui pour lequel nous disposons des plus riches témoignages historiques.

Pour découvrir le plus intéressant d'entre eux, il faut se rendre au superbe musée égyptien de Turin, en Italie. Si vous passez dans le coin, n'hésitez pas à aller le visiter, il contient une des plus importantes collections au monde d'antiquités égyptiennes. D'ailleurs, en 1824, Jean-François Champollion y reste neuf mois pour étudier ses papyrus et en faire le catalogue.

Dans ce trésor se trouve le fameux papyrus judiciaire, un des chefs-d'œuvre de la collection. Écrit en hiératique, une forme cursive du hiéroglyphe, il s'étale sur cinq mètres et demi. Il est incomplet, car quand il est apparu sur un marché de Louxor en 1800, il a été coupé en morceaux pour en tirer plus d'argent. Le contenu est donc incomplet, mais on dispose de l'essentiel.

Et justement, de quoi parle ce papyrus ? C'est un discours du pharaon Ramsès III qui, après sa mort, condamne ceux qui ont comploté contre lui. Une sorte de vengeance *post mortem* ! Dans son récit, il désigne les douze membres de la commission chargée de juger les trente-huit accusés, classés eux-mêmes en cinq catégories selon leur degré d'implication.

On trouve au fil du texte ce qu'on leur reproche, les condamnations et les peines. En le complétant avec d'autres papyrus qui évoquent aussi la conspiration comme celui de Harris (le plus long retrouvé en Égypte), on arrive à reconstituer toute l'affaire ou presque.

L'histoire se déroule donc au pays des pharaons, à une époque brillante appelée le Nouvel Empire, sous le règne de la XXe dynastie, douze siècles avant notre ère. Au pouvoir alors en Égypte, un pharaon nommé Ramsès III. Considéré souvent comme le dernier grand souverain d'Égypte, il a passé son règne à défendre les frontières contre les attaques étrangères. En cette année 1156 avant notre ère, il est âgé de 65 ans et songe à sa succession.

À ce sujet, la reine Tiyi aimerait bien que son fils Pentaour devienne le nouveau pharaon à la mort de son père. Mais elle n'est qu'une épouse parmi d'autres et, surtout, la seconde en titre. Car pour assurer la lignée dynastique, les souverains égyptiens sont polygames et accueillent de nombreuses femmes au sein de leur harem.

Il faut d'ailleurs bien en comprendre la réalité à cette époque. À l'origine, il s'agit d'une pièce spécifique dans le palais, mais sous le règne de Ramsès III, les harems sont plutôt de véritables institutions chargées de l'entretien des dizaines d'épouses, de leurs enfants et des veuves des pharaons décédés toutes accompagnées, bien entendu, de leur cohorte innombrable de servantes. L'ambiance n'est pas toujours à la bonne camaraderie et, bien souvent, la compétition entre les concubines et les épouses se montre féroce. Pour faire vivre tout ce monde, le harem dispose de domaines avec des bâtiments, de la main-d'œuvre et des activités agricoles.

Au sein du harem, il y a habituellement une grande épouse royale et les autres. Si les prétentions de la reine Tiyi peuvent se comprendre, son problème est que le trône est logiquement promis à Ramsès, l'un des fils de la première épouse, Isis. Mais Tiyi sait que le contexte lui est favorable : le peuple gronde contre le pharaon accusé de vivre dans le luxe alors que les ouvriers, frappés par la famine, ne sont plus payés. Tout cela aboutit même à la première grève connue dans l'Histoire, celle des ouvriers « pas contents, pas contents » de la nécropole royale de Deir el-Medineh.

Pour Tiyi, la solution est donc simple : se débarrasser de son mari et placer son fils au pouvoir. Un complot et un coup d'État pour le même prix. À vrai dire, on ne sait pas exactement si la reine en est à l'initiative ou si l'idée lui a été soufflée. Mais une chose est certaine : le complot naît au sein du harem où Tiyi est cloîtrée.

Progressivement, d'autres femmes, leurs familles et une dizaine de fonctionnaires du harem rejoignent la conspiration. Puis des membres de la cour, dont le chambellan Pabakkamen ou l'échanson Mesedsouré. Ces deux personnes sont très proches du pharaon. Ainsi, le chambellan est chargé du service de sa chambre et peut surtout transmettre des messages à l'extérieur du harem tandis que l'échanson s'occupe de ses boissons et doit en théorie écarter tout risque d'empoisonnement. Des trésoriers et des scribes royaux rejoignent aussi le complot ainsi que des responsables de l'armée, comme le général Binemouaset qui commande les archers de Koush, des troupes des régions nubiennes et soudanaises.

On peut enfin ajouter des médecins et magiciens (la distinction entre les deux est assez vague alors) à qui l'on demande de fabriquer des figurines de cire pour ensorceler les gardes protégeant le pharaon. Ils volent aussi dans la propre bibliothèque de pharaon des livres magiques et récitent des incantations pour assurer le succès de l'opération. La magie est considérée comme une chose sérieuse dans l'Égypte antique et c'est un élément qui va peser lourd au cours de leur procès.

Le complot s'étend enfin dans les provinces où des rebelles sont chargés de créer des troubles. Ce n'est donc pas une modeste querelle dynastique de femmes au sein du harem mais une véritable révolte armée.

Le plan de ce complot est finalement très simple : éliminer Ramsès III le jour de la fête d'Opet, l'une des plus somptueuses cérémonies religieuses d'Égypte. En revanche, nous ne connaissons pas les détails du projet. L'assassinat est-il prévu lors de la cérémonie au temple de Medinet Habou ou au cours d'une nuit de plaisir passée dans le harem ?

L'originalité de ce complot, c'est qu'on a longtemps ignoré si les conspirateurs avaient atteint leur objectif ou pas.

Politiquement et pour la reine Tiyi, c'est en tout cas un échec total puisque la tentative de coup d'État est déjouée. Comment et pourquoi ? On l'ignore. Il est probable que le reste de la famille se soit opposé à cette tentative. Toujours est-il que le nouveau pharaon est Ramsès IV, le fils d'Isis, la grande épouse royale. Et on sait alors qu'il déclenche les foudres judiciaires sur les comploteurs. À la suite des cinq procès, la trentaine de coupables sont condamnés : ils sont exécutés ou poussés au suicide. On supprime parfois leurs noms, empêchant toute réincarnation dans l'au-delà, ou on leur trouve de chouettes surnoms pour les pourrir pour l'éternité. Le chambellan Pabakkamen devient ainsi « Le-serviteur-aveugle » (la cécité étant considérée comme une punition divine) et Mesedsouré, « Ré-le-hait » (là, le rejet est très clair) !

D'autres, plus ou moins impliqués dans le complot, se font couper le nez et les oreilles. Bref, ça réprime à tour de bras. Ou à tour d'oreilles.

Cependant, le pharaon ne parvient pas dans un premier temps à mettre la main sur la totalité des conspirateurs. D'ailleurs, pendant leur procès, Pais, un général bien trempé dans le complot, envoie des femmes fricoter avec deux des juges probablement pour les adoucir avant qu'ils ne délivrent leurs sentences. Là aussi, cela s'évente et les deux coquins sont condamnés à l'ablation du nez et des oreilles. L'un d'entre eux préfère se suicider, considérant que la vie ne vaut plus la peine d'être vécue avec ces mutilations.

Enfin et pour clore le dossier, Ramsès IV, bon prince, proclame l'amnistie des conspirateurs qui n'ont pas été encore jugés.

Mais la grande question qui demeure concerne son père, l'ancien pharaon Ramsès III. Dans tout ça, qu'est-il devenu ? A-t-il été tué au cours du complot comme prévu, seulement blessé ou est-il mort d'une cause naturelle ? Ce qui, à 65 ans, ne serait pas si étonnant pour l'époque.

Longtemps, on l'a ignoré. Sa momie, parfaitement emmaillotée, a été découverte en 1881 dans la cachette de la tombe thébaine TT320. Une première radiographie dans les années 1960 n'a indiqué aucun traumatisme. On pensait donc qu'il avait échappé à ses assassins. Mais en 2012, le spécialiste des momies, l'Allemand Albert Zink, célèbre pour avoir percé les secrets d'Ötzi (« l'homme des glaces », un chasseur préhistorique retrouvé congelé dans les Alpes), s'est aussi penché sur la question. En s'appuyant sur d'autres experts comme Zahi Hawass, l'ancien responsable du Conseil suprême des Antiquités égyptiennes, et en analysant la momie avec les plus récentes techniques d'imagerie médicale en 3D – la tomographie assistée par ordinateur –, il a réussi à résoudre cette énigme vieille de 3 000 ans.

L'autopsie numérique a révélé une large blessure à la gorge qui était jusqu'à présent restée inaperçue. Ramsès III a donc bien été égorgé, la trachée coupée net jusqu'aux cervicales. Une belle entaille de sept centimètres sous le larynx ! Et dans la lésion, les images tridimensionnelles réalisées par l'ordinateur ont même montré qu'il y avait une amulette, un œil d'Horus. Les embaumeurs en plaçaient généralement dans les incisions après avoir enlevé les organes pour assurer la guérison dans l'au-delà.

Les assassins ont donc réussi leur coup même si ça n'a pas eu les conséquences politiques qu'ils espéraient.

Dernier détail, d'autres momies ont été retrouvées dans la même cachette que celle de Ramsès III. Dans le lot, il y a celle appelée « momie E » qui correspond à un jeune homme, âgé de 18 à 20 ans. Étrangement, il n'a pas été embaumé puisque les radios indiquent que son cerveau et les autres organes n'ont pas été enlevés selon la tradition. Le corps a aussi été emballé dans des peaux de chèvre, une matière considérée comme impure, pour lui interdire une vie après la mort.

Au cours des dernières analyses réalisées sur Ramsès III, cette momie mystérieuse a aussi été étudiée. Et l'ADN a parlé : le jeune homme était de la même lignée que Ramsès III et très probablement son fils du fait de la différence d'âge. Il s'agirait donc de la dépouille de Pentaour, le fils rebelle poussé au suicide et momifié aux côtés de son père. C'est plus que plausible mais on ne peut en être totalement certain. Cela demeure une hypothèse tant qu'on ne dispose pas de l'ADN de sa mère pour le confirmer. La momie de la reine Tiyi reste introuvable à l'heure où sont écrites ces lignes.

2.

La conjuration de Catilina : quand les *losers* perdent encore

Rome, 63 avant notre ère

Nous sommes à Rome en 63 avant notre ère. La république qui gouverne la cité et ses nombreux territoires autour de la Méditerranée va mal. Elle décline entre guerres civiles, révoltes extérieures, difficultés économiques et soulèvements d'esclaves.

Cette période de tensions et de fragilité politique est idéale pour les hommes sans scrupule. Les comploteurs s'en donnent à cœur joie et c'est dans ce contexte qu'entre en scène Lucius Sergius Catilina.

Par sa naissance, Catilina est un patricien, c'est-à-dire un membre des riches et puissantes familles de Rome. Mais après avoir tout dilapidé dans une vie de débauche, il ne lui reste rien de son héritage. Dans sa jeunesse, il a trempé dans les guerres civiles en soutenant le général Sylla, l'ancien dictateur qui, en 83 av. J.-C., à coups d'actions militaires et de proscriptions, avait tenté de rétablir les institutions aristocratiques. Catilina n'a pas hésité à assassiner à l'occasion. Pour assombrir encore le tableau, il aurait aussi, selon certaines sources, violé sa fille, tué sa propre femme puis son fils pour faire plaisir à sa future épouse, la cruelle Aurelia Orestilla. À côté de ça, les quelques pillages auxquels ils participent semblent presque innocents ! D'après Salluste, un historien romain qui nous a raconté sa conjuration, on pourrait en somme dire de Catilina qu'il est « d'un naturel méchant et dépravé ». Chose assez rare, tous les auteurs antiques s'accordent pour nous le décrire grosso modo sous les traits d'un monstre doublé d'un fou. Alors que les Romains ont un goût prononcé pour les statues, aucune n'existe de lui : on ignore donc largement à quoi il ressemblait physiquement. Visiblement, on ne voulait pas garder un grand souvenir de son existence. Les seuls portraits que l'on a de lui portent uniquement sur son caractère et sa moralité – ou plutôt son immoralité !

Cerise sur le gâteau, notre homme est bien entendu ambitieux. Il veut parcourir la carrière des honneurs, le *cursus honorum*, et grimper tous les échelons du pouvoir romain. Il devient ainsi en 68 avant notre ère propréteur (c'est-à-dire gouverneur) en Afrique. Un poste qui lui servira naturellement à détourner de l'argent public.

Après son expérience en Afrique, ses ambitions sont plus concrètes. Il entend devenir consul, la plus haute magistrature de Rome, celle qui octroie l'*imperium*, c'est-à-dire le commandement civil et militaire. Il ne vise pas cette fonction pour l'argent parce qu'elle n'est pas rémunérée mais pour le pouvoir et le prestige qu'elle apporte. Imaginez un peu : les consuls sont toujours précédés de douze licteurs (les porteurs de faisceaux) qui annoncent leur venue, ils ont le droit de porter une toge prétexte (blanche bordée de pourpre) et, suprême honneur, ils peuvent s'asseoir sur une chaise curule (un tabouret en forme de X réservé aux magistrats disposant de l'*imperium*). C'est peut-être un détail pour vous mais, pour les Romains, ça veut dire beaucoup. Cette fonction dure un an et chaque année, les consuls sont donc renouvelés. Manque de chance pour Catilina, alors qu'il se déclare candidat en 66 et en 65 avant notre ère, on le raye des listes. À son retour d'Afrique, on l'a accusé de concussion, c'est-à-dire d'avoir perçu trop d'impôts pour en détourner une bonne partie. Ça fait mauvais genre pour quelqu'un qui souhaite devenir consul ! Grâce à des amis aristocrates et une corruption aussi généreuse qu'efficace, il est finalement acquitté et peut donc retenter l'accès au titre convoité l'année suivante. Mais un autre homme le bat et devient consul à sa place. Il s'agit du célèbre sénateur, orateur et écrivain romain, Marcus Tullius Cicero, *alias* Cicéron. Soit dit en passant, ce surnom (ou *cognomen* comme on dit alors) « *cicero* » veut dire… « pois chiche » ! Une référence à un ancêtre qui aurait eu sur le nez une verrue avec cette forme particulière. Catilina, quant à lui, n'a pas de surnom. Et tout compte fait, il vaut peut-être mieux !

Malgré ses précédents échecs, Catilina insiste. Il souhaite par-dessus tout devenir consul ! Et pour cela, lui, le partisan de l'aristocratie, change radicalement de bord politique. Il s'appuie désormais sur les *populares*, la faction politique en théorie en faveur du peuple mais qui regroupe surtout à cette époque beaucoup de mécontents du régime. La plèbe sans le sou et qui s'endette pour vivre d'une part, la noblesse elle-même désargentée d'autre part, des aventuriers prêts à toute action violente, les vétérans des guerres civiles, etc. Catilina se rappelle aussi au bon souvenir des anciens partisans du dictateur Sylla, souvent ruinés eux aussi et qui rêvent de retrouver leur fortune en suivant un nouvel homme fort.

L'année du consulat de Cicéron, Catilina se représente donc pour devenir lui aussi consul. Mais les comices centuriates, ces assemblées du peuple romain chargées d'élire les magistrats, choisissent les deux candidats proposés par Cicéron. Catilina est donc de nouveau débouté.

Mauvais perdant, il décide de monter un complot avec des amis qui sont comme lui ruinés par leur train de vie et surtout mécontents de la situation politique. Ils entendent bien rétablir leurs droits déchus et leur influence d'antan. En juin 64, un pacte secret est décidé entre eux dans la maison de Catilina et, selon certains auteurs antiques, avec un rituel pour le moins... folklorique ! Plutarque parle d'anthropophagie : Catilina aurait tué un homme et partagé sa viande avec tous les conjurés. Salluste relaie, lui, des rumeurs, auxquelles il ne croit guère, de sang humain mélangé à du vin, le tout bu dans des crânes. Original !

L'objectif de ces conjurés est simple : massacrer leurs adversaires (c'est-à-dire une partie de l'aristocratie), brûler Rome et s'emparer du pouvoir. Et avec ça, bien évidemment, abolir leurs dettes !

Des soulèvements dans les provinces sont prévus. Catilina envoie dans ce but Gaius Manlius, un centurion de l'ancienne armée de Sylla, en Étrurie (dans le nord-est de l'Italie), pour y rassembler des hommes. D'autres sont expédiés en Picenum (région est) et en Apulie (région sud-est). On encourage même une révolte d'esclaves à Capoue !

Mais une fois de plus, les comploteurs sont maladroits. En se croyant protégés par leurs nombreux soutiens au Sénat et dans les provinces, ils prennent peu de précautions en essayant de convaincre tous ceux qu'ils peuvent et les plans de Catilina s'ébruitent rapidement.

Cicéron, le premier de leurs adversaires, découvre la conspiration grâce à Fulvia, la maîtresse de Curius, l'un des conjurés. Grâce à ses renseignements, il échappe à une tentative d'assassinat à son domicile le 7 novembre.

Le lendemain, mine de rien, Catilina apparaît au temple de Jupiter Stator où le Sénat a été convoqué. Il s'installe au premier rang et ignore totalement que Cicéron a décidé de frapper fort en le dénonçant publiquement. Son attaque débute par ces mots : « Jusqu'à quand, Catilina, abuseras-tu de notre patience ? Jusqu'à quand auras-tu l'insolence de nous narguer ? »

Catilina accuse le coup. Et pendant ce temps, Cicéron détaille toute la conjuration devant l'audience. S'il insiste sur la menace qu'elle représente, il affirme le tout sans preuves en se basant uniquement sur des rumeurs et des suppositions. Mais Cicéron est un orateur hors pair et son éloquence fait mouche ! Il termine son réquisitoire en déplorant l'inaction du sénat face à cette menace par des mots restés célèbres : « *O tempora, o mores* » (« Quelle époque ! Quelles mœurs ! »).

Cicéron déclame au total quatre discours offensifs de ce type, les 8 et 9 novembre ainsi que le 3 et 5 décembre. Le premier, et le seul fait en présence de l'accusé, n'a pas lieu au Sénat pour des raisons évidentes de sécurité tandis que le dernier y est prononcé. Les deuxième et troisième sont tenus devant le peuple afin de l'informer du danger qui pèse sur la république.

Catilina, lui, ne maîtrise pas si bien l'art de la rhétorique. Lors du premier discours de Cicéron le 8 novembre, il l'interrompt par trois fois mais ses interventions sont maladroites. Il tente de l'attaquer sur ses origines : lui, le *nobilis*, issu d'une illustre famille, dénonce en Cicéron le *novus homo*, l'homme nouveau de modeste extraction qui ose le critiquer. Mais c'est un flop total. Les armes ne sont en effet pas égales face à la redoutable éloquence de Cicéron. Certaines sources racontent même qu'au fur et à mesure de son discours, les sénateurs s'écartent lentement de Catilina, le Sénat grondant désormais en chœur contre lui. Le comploteur préfère donc s'éclipser pour son armée d'insurgés en Étrurie tout en laissant à Rome des complices pour une nouvelle conspiration prévue un mois plus tard. L'idée cette fois-ci est de convaincre des peuples comme les Gaulois Allobroges (de grands guerriers vivant dans le nord-ouest des Alpes) de rallier leur cause. Mais, pas de chance, les Gaulois restent fidèles à la République romaine et avertissent le Sénat de ce qui se trame.

Cicéron réussit à obtenir les pleins pouvoirs pour les consuls – ce qui est pratique puisqu'il en fait partie – et envoie dans la foulée une armée dans les régions infiltrées par les conjurés. Il dénonce aussi les cinq comploteurs restés à Rome. Parmi eux, deux sénateurs, déclarés ennemis publics, qui ne bénéficient même pas d'un procès. Une séance célèbre du Sénat du 5 décembre 63 (avant notre ère) vote leur mort sur proposition de Caton le jeune (ou Caton d'Utique). Cicéron appuie logiquement cette décision alors que Jules César, plus modéré et peut-être par calcul politique, propose en vain qu'ils soient relégués à vie avec confiscation de leurs biens.

Emprisonnés au Tullianum, aussi appelée prison Mamertine, celle de haute sécurité destinée aux ennemis de Rome, les comploteurs sont exécutés par étranglement. Cicéron se dirige ensuite vers le forum et, sous les ovations du peuple qui le voit en sauveur de Rome, il annonce que les conjurés « ont vécu » (« *uixerunt !* »). Pour le remercier de sa vigilance, le sénateur Caton d'Utique le qualifie de *Pater patriae*, « Père de la patrie ». Ne mâchons pas nos mots, c'est la gloire totale pour Cicéron !

Quant à Catilina, après avoir tenté de fuir en Espagne, il finit par rejoindre l'armée qu'il avait montée en Étrurie… ou plutôt ce qu'il en reste. Après les exécutions des comploteurs de Rome, le doute s'est emparé de ses soldats et les désertions sont massives. Sur 10 000 hommes, il n'en demeure plus que 3 000 au sein de ses forces armées. Catilina, conscient de son infériorité numérique, cherche à éviter le combat et à se rendre au nord vers la Gaule transalpine dans l'espoir de trouver des renforts éventuels parmi les rebelles à Rome. Une peine perdue qui le pousse à affronter l'armée envoyée par le Sénat à Pistorium (l'actuelle Pistoia en Toscane). Preuve de l'implication de sénateurs dans sa conjuration, Caius Antonius Hybrida, le consul qui devait commander les troupes romaines, décide de se faire porter pâle. Il préfère laisser le commandement à son lieutenant qui ne fera pas de quartier.

La bataille est sanglante et tous les conjurés meurent au combat. Catilina n'y échappera pas.

Selon l'historien Salluste, les vainqueurs « découvraient en retournant les cadavres ennemis les uns un ami, les autres un hôte ou un parent ; quelques-uns aussi reconnaissaient des adversaires personnels ».

Cicéron, que nous avons laissé en pleine lumière, ne va pas pour autant en profiter longtemps. Comme l'on dit à Rome, il n'y a pas loin du Capitole à la roche Tarpéienne. Quelques années après la conjuration, des manœuvres politiques finissent par le faire chuter. En effet, la décision sénatoriale qui, en pleine crise, a donné le plein pouvoir aux consuls n'est pas considérée comme légale par une partie des sénateurs. D'autres critiquent l'exécution des comploteurs alors qu'ils n'ont pas été jugés, ce que leur statut de citoyen romain exigeait pourtant. Bref, ça chauffe pour Cicéron qu'on accuse d'avoir agi vite et de s'être affranchi des règles pour se débarrasser des conjurés. Contre l'ancien consul, un tribun de la plèbe nommé Clodius trouve des alliés parmi les sénateurs, dont Jules César qui décidément est toujours dans les bons plans. Clodius fait voter une loi en 58 avant notre ère pour condamner à la mort civique toute personne ayant fait exécuter un citoyen romain sans jugement. Il ne faut pas être un grand politicien pour cerner qui est la cible de cette loi… Cicéron est condamné à s'exiler en Grèce tandis qu'on détruit sa maison sur le Palatin. Pourtant, la politique change vite à Rome et l'année suivante un vote demande son retour. On peut imaginer que Cicéron, l'ancien « père de la patrie », le sauveur de la république, ait été un peu aigri par l'épilogue de toute cette affaire. D'autant qu'une fois revenu à Rome, il a perdu la plupart de ses soutiens politiques.

En tout cas, ses réquisitoires contre Catilina, appelés les Catilinaires, font partie de ses textes les plus célèbres et le mot désigne aujourd'hui encore un discours très offensif contre quelqu'un.

3.

Les ides de mars : l'assassinat de Jules César

Rome, le 15 mars 44 avant notre ère

Il est un peu avant midi à Rome, la cité la plus puissante de son époque. Ce 15 mars 44 av. J.-C. est jour de fête religieuse. Il marque les ides de mars, la célébration du dieu de la guerre des Romains. Portant une couronne de lauriers sur la tête, Jules César avance vers le Sénat. Le silence se fait à son arrivée. Majestueux, vêtu de sa toge de pourpre brodée d'or, le dictateur à vie s'installe sur son trône, en or lui aussi. Il l'ignore encore mais il s'agit de son dernier acte. On l'a bien prévenu du danger que représente le fait de sortir de sa maison ce jour, les augures étant inquiétants. Il n'en a eu cure, considérant tout cela comme une ridicule superstition. Et pourtant, quelques minutes après son arrivée au Sénat, il s'effondre, frappé de vingt-trois coups de poignard.

Qui a bien pu vouloir assassiner l'homme le plus puissant de la république romaine ?

Pour comprendre un tel acte, il faut revenir un peu en arrière. À l'époque de Jules César, la république romaine n'est plus que l'ombre de ce qu'elle fut. Depuis un siècle, elle enchaîne crises et guerres civiles. Globalement, deux factions s'opposent pour le pouvoir. La scission est apparue lors de la réforme agraire des Gracques dans les années 130 avant notre ère. Tiberius Gracchus et son frère Caius, tous deux issus de la haute aristocratie romaine, se font élire comme tribuns de la plèbe (c'est-à-dire du peuple romain). Leur objectif est simple : établir un meilleur partage des terres par des réformes agraires, en clair distribuer de grands domaines agricoles aux citoyens les plus pauvres. Face à de multiples oppositions, cette tentative se solde par un échec et la mort violente des deux frères Gracques. Surtout, les réformes proposées entraînent la constitution de deux camps politiques opposés. D'un côté, les *optimates* (« les meilleurs » comme ils s'appellent modestement) regroupent l'aristocratie et plus largement les conservateurs, partisans de la tradition républicaine et surtout totalement hostiles aux idées des Gracques. De l'autre, les *populares* (« les populaires », « populistes » ou « favorisant le peuple »), partisans des réformes agraires et plus largement de changements politiques et sociaux en faveur des plus pauvres et des non-citoyens. Ces groupes sont fluctuants et bougent au gré des alliances politiques et des événements. L'engagement de certains hommes politiques romains pour tel ou tel groupe est lié aussi à des calculs ou à un simple opportunisme. Les guerres civiles vont opposer les partisans de ces deux camps sur lesquels se greffent aussi évidemment d'autres enjeux, politiques et sociaux.

Ainsi, de 88 à 81 av. J.-C., les partisans de Sylla (les *optimates*) combattent et finalement défont ceux de

Marius (les *populares*). La situation se stabilise quelques années, le temps notamment d'écraser la grande révolte des esclaves menée par Spartacus (de 73 à 72 av. J.-C.). Lors de la conjuration de Catilina, Caius Julius Caesar, un jeune magistrat qui est alors grand pontife (c'est-à-dire le chef des prêtres de la religion romaine), se fait remarquer en s'opposant à l'éloquent consul Cicéron. Il plaide la clémence pour Catilina et ses compagnons comploteurs au motif qu'un citoyen romain ne peut être condamné sans jugement. Alors qu'il était déjà le neveu par alliance de Marius, cet argument le classe définitivement dans le camp des *populares* dont il devient l'un des grands noms. C'est qu'il est ambitieux, le Jules ! À son époque, le pouvoir dans la république romaine tend à se concentrer entre quelques mains au gré des victoires militaires, des réseaux de clientèle, d'amitié et des jeux d'alliance. Et il l'a bien compris ! Avec le soutien des *populares*, il dispose d'un atout monnayable auprès des puissants. Crassus, qui est alors consul et surtout l'homme le plus riche de Rome, voit en César le moyen de contrer l'autre consul, l'ambitieux Pompée. La politique à Rome, à cette époque, c'est un peu du billard à trois bandes ! Justement, c'est à trois que ces hommes entendent se partager le pouvoir. En 60 av. J.-C., le premier « triumvirat » est donc constitué. Crassus apporte l'argent, le général Pompée la gloire militaire et César, le soutien des *populares*. Des trois, Pompée est clairement l'homme fort. Il est aussi le candidat des *optimates* ce qui montre qu'avec la présence de César, les deux factions s'allient au pouvoir. Grâce au soutien de Pompée et à celui de Crassus, César est élu consul en 59 av. J.-C. Mais ça ne lui suffit pas ! Il cherche lui aussi la gloire, les honneurs et surtout l'argent nécessaire à sa carrière politique. La conquête des Gaules (de 58 à 51 av. J.-C.) va lui fournir les trois. Il s'enrichit, ses victoires servent sa renommée et une partie du butin distribuée généreusement lui assure des soutiens au Sénat. Bref, une excellente opération !

Entre-temps, en 53, Crassus meurt lors d'une opération militaire contre les Parthes. Le triumvirat prend fin logiquement et c'est désormais un duel pour le pouvoir entre César et Pompée. D'alliés, ils deviennent rivaux. En 52, le Sénat, sous l'influence des *optimates*, nomme Pompée consul unique. Il est seul aux commandes et César est déclaré hors la loi. Étant alors sur le territoire espagnol, il ne peut pas faire grand-chose. Mais sa vengeance sera terrible ! Le 1er janvier 49 av. J.-C., il franchit avec ses légions le Rubicon, ce fleuve qui sépare la province de Gaule cisalpine et l'Italie. Un mouvement totalement interdit pour un général à la tête de ses armées mais, comme César l'aurait dit : *alea jacta est* (les dés sont jetés) ! La guerre civile éclate et tourne mal assez vite pour Pompée et ses partisans. Repliés en Orient, ils subissent en 48 une défaite écrasante à Pharsale (en Thessalie) face aux troupes de César. Pompée cherche refuge en Égypte mais n'y trouve que la mort. Avant même de pouvoir poser le pied à terre, il est assassiné sur ordre du pharaon Ptolémée XIII Philopator qui pensait faire plaisir à César. C'est complètement raté ! Celui-ci est furieux que son adversaire ait péri ainsi. Il profite de son séjour égyptien pour épouser la sœur du pharaon, une certaine Cléopâtre qu'il place au pouvoir. La guerre continue en Espagne contre le fils de Pompée qui, dans une belle tradition familiale, est battu et finit lui aussi exécuté.

En 45 av. J.-C., ça y est ! Jules César est désormais seul au pouvoir.

Il aurait pu faire comme Sylla en son temps, pourchasser ses anciens adversaires et leurs partisans à coups de proscriptions. Et pourtant, il se montre clément et pardonne. Caius Cassius Longinus, un des anciens lieutenants de Pompée, est nommé préteur, une magistrature de haut rang. Le sénateur Marcus Junius Brutus, qui fut lui aussi dans le camp du perdant, est pardonné, probablement parce que sa mère est une ancienne maîtresse de César et qu'il est donc peut-être son fils. Il reçoit en tout cas honneurs et faveurs et lui aussi devient préteur en 44 av. J.-C. Cette générosité de César n'efface pas les rancœurs et les vieilles fractures politiques.

En tout cas, maintenant qu'il a éliminé ses rivaux, Jules César se sent tout-puissant. Il est au sommet de son pouvoir. Il a déjà cumulé plusieurs fois la dictature, cette magistrature extraordinaire mais temporaire, octroyée en temps de crise. Il augmente d'un tiers le nombre de sénateurs et obtient le droit de les nommer lui-même. Et, le 14 février 44, le sénat le nomme dictateur à vie. Il est comblé d'honneurs. Même un peu trop ! Pour certains sénateurs, il y a clairement la volonté d'en faire beaucoup pour le rendre détestable auprès de la population. On nomme un mois de l'année de son nom : juillet (d'après Julii, le nom de sa *gens*, c'est-à-dire sa famille). Il peut s'asseoir sur un siège en or et faire tirer son char par des chevaux blancs à l'instar des dieux. On l'autorise aussi à porter en permanence la toge pourpre réservée au triomphateur et à se coiffer de la couronne de lauriers du vainqueur ce qui, au passage, est bien pratique pour dissimuler sa calvitie ! Bref, c'est un *winner* et tout semble lui réussir. Sa personne commence même à devenir sacrée et il n'est pas le dernier à jouer sur cette idée en rappelant à qui veut l'entendre que sa famille descend de Vénus.

César est peut-être un poil trop ambitieux cependant. Partout à Rome, on prétend qu'il veut devenir roi. Et il existe des indices assez sérieux qui le laissent sous-entendre. En janvier, un diadème est ainsi posé sur sa statue placée sur les Rostres, là où se trouvent les tribunes des orateurs. Une autre fois, César est acclamé par la foule avec ce titre royal. Enfin, le 15 février 44 se tient la fête des Lupercales. Une fête pendant laquelle des jeunes hommes fouettent les jeunes femmes qu'ils croisent dans la rue à coups de lanières de cuir afin de les rendre fertiles. Marc-Antoine, l'un des fidèles de César et avec qui il partage le consulat, tente à cette occasion de lui poser le diadème des souverains grecs. César a l'intelligence politique de le repousser sous les applaudissements de la foule. Il sait que les Romains détestent la royauté depuis qu'ils ont chassé son dernier représentant en 509 av. J.-C. Mais l'idée lui trotte probablement dans la tête. On raconte aussi qu'il veut se faire couronner roi avant son expédition militaire en Orient contre les Parthes. Tout cela ne rassure pas vraiment ceux qui l'accusent déjà de vouloir abattre la république pour établir son pouvoir personnel. À leurs yeux, César veut imposer une monarchie. Pour sauver la république, il doit mourir.

Une conjuration rassemble ainsi à la fin février une trentaine de personnes, dont vingt-quatre sénateurs qui entendent tuer le dictateur. À leur tête, Cassius et Brutus, les anciens pompéiens devenus préteurs par la grâce de César. Si le premier n'a pas digéré la défaite de Pompée, le second, réputé pour son honnêteté et sa défense intransigeante de la république, apporte sa caution morale au complot. Même son nom paraît un signe puisqu'il descendrait du Brutus qui avait chassé en son temps le roi Tarquin ! Et, autour d'eux, un peu de tout : des anti-césariens notoires, des opportunistes et des aigris, déçus de ne pas avoir été suffisamment récompensés de leur soutien au dictateur. Un temps, ils avaient tenté d'associer Cicéron à l'opération mais celui-ci a été finalement écarté car jugé lâche et peu fiable.

Des discussions discrètes et des réunions chez les uns et les autres permettent de finaliser le complot. Il faut notamment décider du lieu et de la date. Leur cible est très populaire et le peuple pourrait bien empêcher l'assassinat. Les conjurés envisagent d'abord de jeter César du haut d'un pont ou de l'attaquer avant son arrivée au Sénat. Finalement, ils s'accordent pour le tuer à l'intérieur : César a licencié sa garde et toute arme y est interdite. Il suffira de planquer les leurs dans leurs toges ! Pour la date, il y a plus de flottement et de précipitation. Jules César entend partir en guerre contre les Parthes, il faut donc agir vite et les comploteurs tranchent finalement pour les ides de mars, soit le 15 du mois. Le Sénat a été convoqué pour un motif important que nous ignorons encore : s'agissait-il pour César de lancer la campagne militaire ? Ou voulait-il obtenir le titre de roi ? Une chose est certaine : ce jour-là, ses adversaires vont frapper.

César aurait dû écouter les présages qui s'amoncellent en ce début mars. Spurinna, un haruspice, c'est-à-dire un devin qui lit l'avenir dans les entrailles des animaux, l'avait bien prévenu de se méfier d'un danger jusqu'aux ides de mars. Mais le dictateur ignore ce qu'il considère comme des superstitions. La veille de sa mort, il a pourtant une intuition. Lors du dîner, un convive, qui souhaite peut-être l'informer de ce qui se trame, l'interpelle en lui demandant quelle mort lui semble la meilleure. « Celle à laquelle on ne s'attend pas », répond César. Et le matin même du 15 mars, sa femme Calpurnia vient le voir et le supplie de ne pas se rendre au Sénat. Elle a fait un rêve horrible : elle l'a vu égorgé et couvert de sang. Enfin, les augures, ces prêtres chargés d'interpréter les présages et signes divins, lui prédisent une journée défavorable. Même si l'on n'est pas superstitieux, il y a des matins où l'on se dit qu'il vaudrait mieux rester couché…

César, déjà peu en forme après le dîner bien arrosé de la veille, finit par se résoudre : il restera chez lui et va reporter la séance du Sénat. Decimus Brutus, l'un de ses amis et son lieutenant pendant la guerre des Gaules, se rend alors à son domicile. Il faut aller au

Sénat, lui dit-il et ne pas tenir compte des peurs de sa femme et des propos de charlatans. César se laisse finalement convaincre : il ne doit pas faire attendre plus longtemps les sénateurs qui sont venus pour lui, surtout s'il a besoin de leur vote. Vers 11 heures, les deux hommes partent donc vers la curie de Pompée où le Sénat s'est réuni. Mais ce que César ignore, c'est que son cher ami Decimus fait aussi partie du complot et qu'il ne voulait pas qu'il manque cette séance-là !

Le dictateur est à peine parti qu'un esclave arrive à sa demeure avec un mot urgent (ou un message oral selon les sources) à transmettre à César. Mais c'est trop tard, celui-ci est déjà en route vers son destin.

Le trajet vers le champ de Mars est long. La litière à porteurs du dictateur est régulièrement arrêtée par des gens souhaitant l'acclamer, le toucher et le solliciter pour toutes sortes de raisons. Beaucoup laissent des petits mots à ses secrétaires.

Et voilà, selon Plutarque qui nous raconte cette scène, qu'un homme fend la foule pour parler lui aussi à César. C'est l'un de ses amis, un Grec nommé Artémidore de Cnide. Au milieu des clameurs, il le supplie de lire le mot qu'il lui remet, l'avertissant du complot à venir dont il a appris l'existence chez des amis de Brutus. Mais pris par la foule des demandeurs et peut-être préoccupé par la séance à venir, César conserve en main le billet sans le lire.

Il arrive enfin à la curie, que Pompée en son temps avait fait construire sur le champ de Mars. Fermant une large place, face au théâtre et au temple de Vénus, le général avait offert aux sénateurs cette curie destinée à les accueillir en cas de troubles sur le forum ou pour d'autres occasions utiles. Et pour bien rappeler sa générosité, il y a installé une statue le représentant. Devant la curie, César reconnaît l'haruspice Spurinna dans la foule. « Les ides de mars sont arrivées », lui lance-t-il, fier d'avoir déjoué la prédiction. Mais le devin lui répond aussitôt : « Oui mais elles ne sont pas encore passées. »

Les auteurs antiques ont peut-être chargé la barque question présages. Leur but était de souligner l'orgueil aveugle de César qui refusait de voir les avertissements des dieux. Toujours est-il qu'il s'avance désormais au milieu des sénateurs et va s'asseoir… au pied de la statue de Pompée ! Ça murmure, ça chuchote dans les rangs des sénateurs. Le complot apparaît maintenant bien éventé et certains assurent les conjurés de leur soutien.

L'un d'entre eux, un dénommé Trebonius, prend à part le consul Marc-Antoine, un fidèle de César, et l'éloigne de la curie. Il veut absolument écarter celui qui pourrait, par sa carrure d'athlète, faire capoter toute l'opération. D'autres comploteurs se pressent alors vers César, l'assaillant de questions et de demandes diverses. On se saisit même de sa toge. « Mais c'est de la violence », réagit César qui commence à comprendre. Casca, l'un des conjurés, sort alors son poignard et l'attaque à la gorge. César se défend avec sa seule arme, le stylet qui lui sert à écrire sur les tablettes de cire. Il blesse l'agresseur au bras. Mais rapidement, vingt-trois sénateurs l'entourent et le poignardent. César aperçoit

Brutus parmi eux et il lui aurait alors lancé : « *Kai su, teknon.* » Il s'agit là d'une phrase en grec, car c'est la langue de l'élite et donc la langue maternelle de César, celle qui, dans un instant aussi critique, lui revient forcément. L'expression est latinisée bien plus tard en « *Tu quoque, mi fili* », qui signifie « Toi aussi, mon petit ». Elle laisserait penser que César était effondré de découvrir Brutus, qu'il appréciait tant sans toutefois le considérer comme son fils, parmi ses agresseurs. Pour être honnête, il n'est pas sûr du tout que César ait prononcé ces mots et, sur leur sens même, les historiens ne s'accordent pas vraiment. Une chose est certaine en tout cas : César, après avoir vu Brutus, se couvre la tête de sa toge et s'effondre dignement au pied de la statue de Pompée. Il a reçu vingt-trois coups de couteau. Son corps reste au sol jusqu'à ce que trois jeunes esclaves le ramènent en fin de journée chez lui.

Au Sénat, après le meurtre, c'est la stupeur et rapidement la panique. Les sénateurs s'enfuient et, parmi eux, les conjurés qui, loin de se réjouir, partent se barricader au Capitole. Ils n'ont rien prévu pour la suite, s'imaginant que tuer un tyran rétablirait automatiquement la république. L'un de leurs soutiens, le sénateur Cicéron, sidéré d'une telle impréparation, juge que l'assassinat a été « accompli avec un courage d'homme, mais avec une cervelle d'enfant ». Il les protège tout de même au Sénat. Le consul Marc Antoine leur octroie l'amnistie contre des funérailles publiques pour César (qu'ils voulaient jeter dans le Tibre !) et la reconnaissance de ses décisions et de son testament. Certains des conjurés obtiennent même des commandements de riches provinces : pour Brutus la Macédoine, la Syrie pour Cassius et la Gaule cisalpine pour Decimus Brutus. Mais les autres comploteurs doivent quitter piteusement Rome face à la colère populaire qui s'exprime lors des funérailles de César. Et surtout, le testament de César révèle une surprise de taille : c'est un obscur petit-neveu, désigné comme son fils adoptif, qui obtient l'essentiel de son héritage. Octave, seulement âgé de 18 ans, montre alors toute son habileté politique. Il se fait appeler César, devient consul et rallie les légions. Au Sénat, il obtient la condamnation à mort des assassins de son père. La suite se règle à coups de soldats. Presque tous les conjurés meurent dans les trois ans. D'une mort… pas vraiment naturelle : Decimus Brutus est égorgé, Brutus et Cassius se suicident après leur défaite de Philippes contre les troupes d'Octave et Marc Antoine.

Les poignards qui, en tuant César, voulaient abattre le tyran et rétablir la république, vont donc amener Octave au pouvoir. Sous le nom d'Auguste, il installe progressivement le principat, un régime impérial.

Un beau paradoxe pour un complot finalement aussi réussi que raté !

4.

L'impératrice byzantine Irène : une sainte ambitieuse

Constantinople, 797

S'il existait des Jeux olympiques des complots, l'Empire byzantin serait probablement sur le podium. On ne compte plus les morts douteuses, les assassinats, les renversements d'empereurs… et le tout dans le luxe, les mosaïques et les épices de l'Orient.

Précisons pour commencer que les Byzantins ne s'appellent pas comme ça. L'expression « Empire byzantin », très tardive, car du XIXe siècle seulement, est une invention visant à distinguer cette civilisation. À Constantinople, on se dit romain, et avec raison ! L'Empire byzantin est issu de la division de l'Empire romain en deux parties, l'Occident et l'Orient, en 395. Si celui d'Occident disparaît peu après avec la déposition du dernier empereur, le tout jeune Romulus Augustule, en 476, celui d'Orient continue d'exister. Constantinople devient ainsi « la nouvelle Rome ». On est donc toujours chez les Romains (d'Orient !) mais pour que ce soit clair pour tout le monde, on va les appeler Byzantins.

Dans cet empire et comme c'était déjà le cas de la partie orientale de l'Empire romain, on parle le grec et, culturellement, on s'enrichit de l'héritage de l'Antiquité. C'est aussi une terre chrétienne avec cependant des nuances et un fossé qui ne cesse de se creuser avec les frères d'Occident. Chez les Byzantins par exemple, le patriarche de Constantinople s'impose progressivement comme le chef de l'Église et on refuse de reconnaître cette même autorité au pape. Évidemment, à Rome, on pense exactement le contraire !

Carrefour commercial majeur entre Occident et Orient, l'Empire byzantin est constamment menacé, car entouré de puissances qui ne veulent que s'emparer de ses territoires. Si au VIe siècle Justinien l'a étendu à son maximum dans le rêve utopique de reconstituer l'unité de l'Empire romain, ses frontières ne cessent ensuite de se rétracter pour se fixer autour des Balkans et de l'Asie Mineure. À la tête de cet empire se succèdent des empereurs considérés comme des « lieutenants de Dieu sur terre ». Ayant quasiment tous les pouvoirs, politiques et militaires, ils arrivent sur le trône en théorie de père en fils. On dit alors qu'ils sont « porphyrogénètes », c'est-à-dire nés dans la pourpre, une couleur tellement rare et coûteuse à obtenir (en massacrant des milliers de coquillages murex) qu'elle est réservée à l'empereur. En réalité, ils sont assez peu dans ce cas. L'armée choisit bien souvent son empereur à coups de glaive, les ambitieux passent leur temps à manigancer et les morts d'empereurs sont rarement naturelles. Et pas de problème pour l'expliquer : comme le pouvoir est d'intervention divine, Dieu choisit donc le meilleur pour diriger, même s'il usurpe le trône !

Dans la longue liste de *basileus*, le titre que l'on donne à Constantinople aux empereurs, Irène est la première femme. Vous imaginez bien que ce ne fut pas simple pour elle et qu'elle a dû pas mal batailler - et surtout comploter - pour cela.

Irène naît dans une famille aristocratique d'Athènes vers 752. « L'Athénienne », comme on la surnomme alors, est peut-être choisie à l'occasion d'un concours de beauté par l'empereur Constantin V pour épouser son fils, le futur Léon IV. Tous deux se marient en 768 et, quand Léon IV devient *basileus* en 775, elle monte sur le trône avec lui. Mais le règne de Léon IV est court puisque, cinq ans plus tard, il meurt de maladie. Leur fils, le petit Constantin VI, âgé de 9 ans, est trop jeune pour régner et Irène devient logiquement régente jusqu'à sa majorité.

L'empire est alors déchiré par une crise terrible : la querelle des images. La vénération des images religieuses a toujours été très fréquente chez les Byzantins qui ne les considèrent pas seulement comme des représentations, mais leur attribuent aussi des pouvoirs miraculeux. En cas d'attaque ennemie, on promène régulièrement une image du Christ ou de la Vierge sur les murailles pour les repousser. On raconte aussi que toucher une icône de saint guérisseur peut soigner. Que même la poussière des icônes peut guérir. Certains parents n'hésitent pas à donner à leurs enfants une icône comme parrain ! Ces dérives entraînent une première critique d'une partie du clergé contre ces pratiques. À partir du VIIIe siècle, les empereurs se méfient aussi de ce culte des images qu'ils associent à de la superstition. Léon III l'Isaurien, qui règne de 717 à 741, est le premier à s'y attaquer frontalement. Il fait détruire l'image en bronze du Christ située sur le palais impérial et, en 730, il interdit lors d'une séance solennelle tout culte d'une image religieuse. Les causes de cet iconoclasme – ce rejet des images – sont complexes. Certains historiens pensent que l'empereur, issu de la partie orientale de l'empire, aurait été lui-même influencé par une tradition aniconique (c'est-à-dire hostile à la représentation) du judaïsme et de l'Islam. C'est d'ailleurs ce que lui reprochent à l'époque ses adversaires qui l'accusent d'être un *sarakinophrôn*, c'est-à-dire de penser comme les Sarrasins ! Était-ce aussi par cette décision une façon de rallier les populations orientales justement menacées et peut-être influencées culturellement par les Arabes ? Léon III, homme très pieux, aurait-il cherché à éviter un châtiment divin contre une forme d'idolâtrie des chrétiens ? On connaît mal ce premier iconoclasme mais, aux yeux des Byzantins, il semble approuvé par Dieu puisque les attaques tant arabes que bulgares sont repoussées et que les empereurs iconoclastes connaissent un long règne. D'ailleurs, dans le projet iconoclaste, il existe clairement une intention politique de leur part : supprimer tout intermédiaire entre eux et Dieu, ce qui veut dire se débarrasser des saints, de leurs restes (les reliques) et surtout des icônes. L'objectif est d'incarner pleinement leur rôle de lieutenants de Dieu sur terre sans que rien ni personne cherche à s'intercaler dans cette connexion divine.

Constantin V, le beau-père d'Irène, va encore plus loin. Il ne se contente pas d'interdire le culte des images : il les fait détruire ou enlever. Il n'hésite pas à s'en prendre à ceux qui s'y opposent, notamment les moines qui finissent martyrs pour certains d'entre eux.

Cette opposition déchire l'Empire byzantin entre opposants des images (les iconoclastes qui veulent les brûler) et leurs partisans (ceux qui les vénèrent et que l'on appelle « les iconodoules »).

Or, Irène est une iconodoule. Ce n'est pas le cas du patriarche de Constantinople, un iconoclaste placé par Constantin V, des généraux et surtout de toute l'administration du palais impérial. Irène est donc en terrain hostile. Elle nomme des hommes de confiance aux postes clés, souvent des eunuques comme Staurakios qui devient son principal ministre. Irène a bien raison d'être méfiante, car on complote contre elle. Beaucoup de dignitaires n'apprécient pas d'être dirigés par une femme. Nicéphore, un des beaux-frères d'Irène, rassemble autour de lui des partisans avec pour projet de prendre le pouvoir. Mais leur complot est découvert. Les conspirateurs sont arrêtés et exilés. Quant à Nicéphore et à ses frères, pour éviter toute nouvelle tentative, Irène les fait tonsurer : ils sont ordonnés prêtres, ce qui les empêche définitivement de régner.

Contre les iconoclastes, elle avance aussi en terrain miné. Là encore, elle cherche des gens sûrs pour l'aider et elle trouve en Taraise un nouveau patriarche sur lequel elle peut compter. Avec lui, elle réunit une assemblée d'évêques, le concile de Nicée en 787, qui condamne le rejet des images et admet leur vénération.

La question de l'iconoclasme semble donc réglée. Irène s'intéresse ensuite à son fils qu'elle entend bien marier au plus vite. Et pourquoi pas avec la fille de Charlemagne ? Byzantins et Francs connaissent des relations compliquées mêlées de méfiance, d'indifférence, voire d'antagonisme comme en Italie, une région qui intéresse les deux empires. Un mariage permettrait de les rapprocher et, même, d'envisager une alliance militaire. Irène envoie donc une ambassade vers Charlemagne pour proposer l'union de son fils Constantin avec Rotrude, la fille de l'empereur des Francs. Celui-ci se montre intéressé et sa fille, qui prend désormais le nom d'Erythréa, commence à apprendre le grec. Mais le mariage n'a pas lieu. Les conquêtes de Charlemagne en Italie fâchent les Byzantins qui, même s'ils ne possèdent plus grand-chose dans la zone, continuent de la considérer comme partie intégrante de leur empire.

Irène change alors de stratégie pour le mariage de son fils et, pour trouver l'heureuse élue, organise un grand concours de beauté. On établit une liste de critères (la famille de la jeune fille, sa taille, celle de ses pieds...) et des agents impériaux sont envoyés dans les provinces pour dénicher des prétendantes. La gagnante de ce véritable concours de Miss est une certaine Marie d'Amnia, qui vient d'Arménie. En réalité, le résultat a probablement été trafiqué par Irène qui l'aurait choisie, car elle présente deux atouts : être iconodoule et, surtout, issue d'une famille certes prestigieuse, mais ruinée et donc totalement redevable ! Constantin, pas très enthousiaste, traîne des pieds, mais le mariage a lieu en 788. Maintenant que son fils est marié, Irène considère qu'il est temps de l'écarter du pouvoir. Dans la titulature officielle, son nom précède celui de son fils et elle entend désormais assurer seule la direction de l'empire. Constantin vit mal cette période et trouve un coupable en l'eunuque Staurakios qu'il juge responsable de la situation. Il complote contre lui afin de l'écarter dans l'espoir naïf de reprendre place à côté de sa mère. Mais Staurakios découvre tout et fait son rapport à Irène. Les comploteurs sont arrêtés et exilés pour les plus chanceux ; quant à Constantin, il est puni dans sa chambre ou plutôt enfermé dans ses appartements au palais.

Mais l'armée reste très iconoclaste et garde un souvenir ému de Constantin V, lui aussi iconoclaste, qui avait emporté de belles victoires. Face à cette impératrice iconodoule qui vient de subir une défaite écrasante contre les Arabes, les régiments d'Asie Mineure se soulèvent, refusent de lui prêter serment et reconnaissent son fils comme empereur. La révolte s'étend très vite et contraint la régente à libérer son fils de ses appartements.

Staurakios est tonsuré et banni. À son tour, Irène est assignée à résidence. Mais elle ne perd pas espoir de revenir. D'autant que Constantin VI n'est pas très brillant à la guerre : il se fait battre par les Bulgares et les Arabes. Deux ans plus tard, il finit par rappeler sa mère auprès de lui. Irène, soit par esprit de vengeance, soit par raison d'État (ce n'est pas très clair pour les historiens), décide de comploter contre son fils pour l'écarter définitivement du pouvoir. Elle le fait détester de l'armée en lui racontant qu'un des généraux très populaires de l'empire prépare un coup d'État. Bien sûr, cela est totalement faux, mais Constantin le fait arrêter et aveugler. Une révolte des soldats éclate immédiatement et finit écrasée dans le sang. Puis Irène encourage probablement la relation adultère de son fils avec Théodote, une dame de compagnie. L'inconscient décide même, et peut-être sous les conseils intéressés de sa mère, de répudier sa femme pour épouser son amante. C'est un véritable scandale dans l'Église et auprès des Byzantins !

En octobre 795, Théodote donne naissance à un fils nommé Léon. Pour Irène, devenue grand-mère, c'est une très mauvaise nouvelle, car cet enfant, une fois majeur, sera associé au pouvoir et elle, définitivement écartée. Il lui faut donc agir contre son fils pour se maintenir.

Elle réunit autour d'elle des conjurés afin d'organiser un coup d'État. La première tentative, l'enlèvement de Constantin le 17 juillet 797, est un échec. Il réussit à s'échapper et prend un bateau pour s'éloigner de la capitale. Par chance pour Irène, elle a des partisans qui sont restés auprès de Constantin dans sa fuite. Elle en convainc certains et menace les autres pour qu'ils ramènent son fils au palais impérial. Pendant son sommeil, celui-ci est embarqué de force et placé dans une galère, direction Constantinople.

Constantin se retrouve de nouveau prisonnier dans ses appartements. Mais comment l'écarter définitivement du pouvoir ? Dernier acte : le 18 août 797 au soir, des conjurés s'introduisent dans la chambre de Constantin au palais et lui crèvent les yeux au moyen de poinçons ou avec un fer chaud.

Cela peut paraître barbare, ça l'est en effet, mais c'est pourtant une pratique assez courante dans l'Empire byzantin pour écarter quelqu'un du pouvoir : un infirme ne peut régner. Constantin VI, après ce dramatique épisode, est logiquement surnommé « l'aveugle ». Pour Irène qui a ordonné l'acte ou l'a laissé faire, la voie est libre désormais. Elle se fait proclamer *basileus* (empereur au masculin) et non plus seulement *basilissa* (impératrice), un titre utilisé pour qualifier la mère ou l'épouse de l'empereur.

Son règne est cependant compliqué. Outre la résistance de certains Byzantins à ce pouvoir féminin, les défaites militaires s'accumulent.

Quand Charlemagne est couronné empereur par le pape en 800, les Byzantins s'étranglent ! Comment les Francs osent-ils usurper la dignité impériale ? De quel droit le pape pense-t-il pouvoir conférer ce titre ? Alors que la guerre se prépare face à ce que les Byzantins considèrent comme une sécession, Charlemagne tente une voie originale. Il propose à Irène le mariage ! Après tout, il est veuf, elle aussi, et le projet serait de reconstituer l'Empire romain autour de deux capitales et de deux figures impériales comme dans le passé. Les historiens discutent de la véracité de ce projet, mais il semble plausible au vu des intérêts de part et d'autre.

Des ambassades sont envoyées pour organiser l'affaire, mais là encore, le projet n'aboutit pas.

La situation a en effet changé à Constantinople.

Entourée de nombreux ennemis, Irène, âgée pour l'époque et à la santé fragile, ne voit pas venir la révolution de palais qui la renverse le 31 octobre 802. Après la mort de Staurakios, lui aussi comploteur sur la fin, Nicéphore, le ministre des Finances, réunit autour de lui un certain nombre de fonctionnaires impériaux pour remplacer Irène. Elle est arrêtée en pleine nuit et emprisonnée.

Bonne joueuse, elle s'incline devant le nouvel empereur Nicéphore Ier qui lui rend visite dans sa cellule. L'historien byzantin Théophane lui prête ces mots à cette occasion : « Je crois que c'est Dieu qui m'a élevée, d'orpheline que j'étais, vers le pouvoir, et qui m'a fait monter sur le trône tout indigne que j'en étais ; je n'impute ma chute qu'à moi seule et à mes péchés. [...] Quant à ta promotion, c'est Dieu que j'en considère comme l'instigateur, car je crois que rien ne peut se faire sans sa volonté. [...] Et maintenant je vois en toi le pieux élu de Dieu, et je me prosterne devant toi comme devant l'Empereur... »

Elle finit dans un couvent de l'île de Lesbos où elle meurt l'année suivante.

Pour l'Église orthodoxe qui a apprécié qu'elle rétablisse le culte des images, elle restera une sainte !

5.

La quatrième croisade détournée : quand les croisés se font balader par Venise

Venise-Constantinople, 1204

Les croisades ont alimenté beaucoup de quiproquos entre les chrétiens occidentaux et orientaux.

Quand, en 1095, la première croisade est déclenchée par le pape Urbain II à Clermont, l'Empire byzantin applaudit ! Le *basileus* de Constantinople y voit en effet une aide militaire précieuse contre les attaques des musulmans qui ne cessent de menacer l'empire. Il s'attend à des mercenaires ou, au pire, à de dociles guerriers. Mais l'arrivée des croisés, c'est-à-dire d'une telle force militaire, plus ou moins disciplinée et pas forcément alliée, le refroidit rapidement. Peut-il vraiment compter sur ces chevaliers francs ? Ne vont-ils pas chercher à attaquer des possessions byzantines, voire à menacer son pouvoir ? Dans le doute, il préfère rapidement envoyer toute cette horde loin de son empire aller taper sur les infidèles. Quand, en 1099, des États latins sont créés après la prise de Jérusalem, l'Empire byzantin réclame logiquement la restitution de ces territoires, considérant qu'ils lui appartenaient avant que les musulmans ne s'en emparent. Les Francs n'en tiennent aucun compte et la situation en reste là.

Les contacts entre Occidentaux et Byzantins se poursuivent, notamment pour le négoce. Les marchands latins sont nombreux à Constantinople, carrefour commercial avec l'Orient. Mais leur présence gêne les locaux qui ne digèrent pas non plus les avantages fiscaux dont bénéficient les Latins. Le ressentiment se transforme vite en haine et une partie des Occidentaux de Constantinople se fait massacrer en 1182.

L'entente entre les deux chrétientés n'est donc pas cordiale et ces violences annoncent la suite qui va se dérouler dans le contexte des croisades.

Celles-ci sont pourtant un peu passées de mode en ce début du XIIIe siècle. Et surtout, elles ne permettent plus d'assurer la survie des États latins d'Orient qui ne sont plus que l'ombre d'eux-mêmes. Le comté d'Édesse a été conquis en 1146 et la deuxième croisade, qui devait le reprendre aux musulmans, se termine sur un fiasco militaire. Par la suite, Saladin s'empare de Jérusalem en 1187 et il ne reste aux Occidentaux que quelques places fortes sur le littoral. Sur la route de la troisième croisade, à laquelle participent de grands souverains de l'époque comme Frédéric Barberousse (l'empereur germanique), Philippe Auguste (le roi de France) ou Richard Cœur de Lion (le roi d'Angleterre), les Francs s'emparent de Chypre. C'est une île byzantine et les Occidentaux s'en servent désormais de base arrière et de repli au cas où les choses se gâteraient en Terre sainte. Comme la précédente, la croisade connaît un succès mitigé. Les Francs reprennent à Saladin un certain nombre de villes sur la côte mais pas Jérusalem, qui reste musulmane.

Quand l'énergique Innocent III devient pape en 1198, il relance donc un appel à la croisade : la quatrième. Cependant ce n'est pas un franc succès ! Cette fois-ci, aucun roi ne vient, ni même de grand seigneur. Il faut dire que le contexte n'est pas porteur. Le Saint Empire germanique s'oppose à la papauté pour une question de pouvoir et le roi de France est en pleine invasion de la Normandie anglaise. Bref, les souverains ont d'autres chats à fouetter que de prendre la croix.

Une armée de croisés est cependant constituée avec pour objectif l'Égypte. Une terre qui permettrait de nourrir assez longtemps tous les combattants qu'on y envoie et dont la conquête porterait surtout un coup très dur aux musulmans. L'idée du pape est que les croisés s'emparent des ports égyptiens afin de les échanger ensuite contre Jérusalem.

Pour éviter de passer par la voie terrestre, longue et incertaine, les croisés veulent y aller en bateau. Mais un problème matériel se pose. Imaginez le nombre considérable de navires pour transporter autant de chevaliers ! Gènes, que l'on sollicite à ce sujet, refuse. Les Vénitiens quant à eux acceptent mais au prix de calculs de commerçants. Pour le passage et le ravitaillement des 33 500 soldats, ils demandent la somme exorbitante de 84 000 marcs.

Mais les croisés qui arrivent à Venise au printemps 1202, parmi lesquels Boniface de Montserrat, Baudouin de Flandre ou Geoffroy de Villehardouin, ne sont que de modestes barons et chevaliers. Il y a peu de grands seigneurs et encore moins de souverains. Et surtout, l'argent manque ! En particulier 34 000 marcs afin de finir de payer la facture à Venise.

L'avantage de traiter avec des commerçants, c'est qu'il y a toujours une solution. Que peuvent donc proposer les croisés ? Leur force de frappe ! Et ça tombe bien pour Venise qui leur propose un marché : annuler la dette en échange de la capture de la ville hongroise de Zadar, située sur la côte Adriatique. Elle fut vénitienne jadis et la Sérénissime entend bien en reprendre le contrôle. Petit problème : c'est une ville chrétienne. Pas l'ombre d'un infidèle sur place ! Quand on part pour la croisade, finir par attaquer d'autres chrétiens, c'est assez ironique. Mais, acculés par ces questions d'argent, les croisés sont contraints d'accepter.

En voyant arriver cette flotte considérable, la population de Zadar prend peur et arbore sur les murailles des bannières avec des croix chrétiennes au cas où cette information aurait échappé aux attaquants. Quelques dissensions apparaissent alors chez les croisés et des seigneurs refusent de participer au siège.

Le doge de Venise, Enrico Dandolo, un vieillard de 96 ans quasi aveugle, mène les opérations avec vigueur. Quand il est devenu doge onze ans plus tôt, à 85 ans donc, Dandolo avait derrière lui une longue carrière de diplomate. Il avait accompli notamment plusieurs missions auprès des Byzantins et avait constaté à cette occasion l'affaiblissement de la position commerciale de Venise au profit de Gênes et de Pise. Sa volonté est donc de lutter contre cette concurrence pour affirmer la puissance de Venise et, s'il faut employer la force pour cela, ça ne lui pose aucun cas de conscience. Il a déjà dans le passé mené la guerre contre Pise et tenté sans succès de prendre Zadar. Mais cette fois-ci, grâce à la force militaire des croisés, les choses tournent à son avantage. En quelques jours, la ville est prise dans un déchaînement de violence et de pillage. C'est la première transgression.

La colère du pape est totale ! Des chrétiens ont osé s'attaquer à d'autres chrétiens et, pire, de justifier cela au nom de la croisade ! Innocent III excommunie les croisés et les Vénitiens. C'est la pire sentence possible pour l'époque. Il les prive de sacrements et en fait des hors-la-loi aux yeux de l'Église.

Mais pour les Vénitiens, il s'agit de pousser l'avantage, et ils ont un plan.

Neuf ans auparavant, en 1195, a eu lieu un événement très banal pour l'Empire byzantin : l'empereur Alexis III Ange a aveuglé son propre frère, Isaac II, et pris sa place. En 1201, Alexis, le fils de ce dernier, réussit à s'échapper de l'Empire byzantin et à rejoindre l'Occident. Présenté aux croisés après la prise de Zadar, il leur fait une proposition qu'on ne peut pas refuser : s'ils rétablissent sur le trône byzantin son père (avec lui évidemment à ses côtés), ils obtiendront en récompense la somme considérable de 200 000 marcs, 18 000 hommes pour mener leur croisade à bien, 500 chevaliers entretenus par la suite en Terre sainte et l'union des deux Églises (latine et orientale).

Cela ne suffit pas à convaincre le pape que l'on informe de la proposition. Il s'oppose une fois de plus à l'attaque d'une ville chrétienne et condamne toute l'opération ainsi que le détournement de la croisade.

Les Vénitiens, en revanche, comprennent tout l'intérêt qu'ils peuvent y trouver. Ils font pression sur les croisés pour qu'ils acceptent d'intervenir dans les affaires byzantines.

Là encore, ça gronde chez les croisés qui se demandent ce qu'ils sont venus faire là et pourquoi ils ne se rendent pas en Égypte y combattre les infidèles. Mais ils sont divisés et certains sont prêts à accepter, par naïveté, intérêt ou simplement parce qu'ils n'ont pas le choix. Progressivement, les Vénitiens parviennent à étouffer les principales critiques et à convaincre suffisamment de seigneurs.

C'est ainsi qu'en juin 1203, l'armée des croisés arrive à Constantinople. La cité tombe facilement le 17 juillet. Isaac est sorti de sa prison, rétabli sur le trône en compagnie de son fils Alexis. Logiquement, et parce qu'ils ont accompli leur part du marché, les croisés attendent la récompense. Mais elle n'arrive pas.

Et pour cause ! L'Empire byzantin est très affaibli économiquement et les impôts levés à la hâte par le nouvel empereur ne servent qu'à le rendre très impopulaire.

Pour voir arriver leur argent et faire pression sur le nouveau pouvoir qu'ils protègent en même temps, les croisés campent de l'autre côté du Bosphore. Les versements se tarissent vite et les émeutes éclatent dans l'empire. Les Latins s'impatientent quand l'empereur byzantin leur annonce qu'il ne pourra pas s'acquitter de sa dette. Dandolo s'emporte : « Sale crapule, lui dit-il, nous t'avons tiré de la merde et dans la merde, nous te remettrons ! »

Les Byzantins s'en chargent eux-mêmes. Une foule en colère investit le palais impérial le 5 février 1204 et s'empare d'Alexis et d'Isaac qui sont de nouveau jetés en prison. Le nouvel empereur, Murzuphle, oblige Alexis à boire une boisson empoisonnée avant de l'étrangler de ses propres mains. Ça se passe comme ça à Byzance ! Son père Isaac meurt à son tour quelques jours plus tard d'infarctus, de mauvais traitements ou de désespoir.

Les Latins, chauffés à blanc par les Vénitiens, sont furieux : leur débiteur a disparu ! Et Murzuphle, le nouvel empereur, ne se sent pas du tout engagé par les promesses de ses prédécesseurs : il ne versera rien et il n'est plus question désormais d'unir les deux Églises. Une position inacceptable pour les Latins qui sont prêts à abandonner la question religieuse mais entendent bien récupérer l'argent promis. Comme pour se préparer à la suite, les Byzantins renforcent leur muraille.

Alors qu'on affûte les armes, des négociations commencent dans le camp des croisés pour se partager ce qu'il va advenir de l'Empire byzantin. Certains chevaliers se montrent encore hésitants. Attaquer et piller une cité chrétienne ne faisait pas partie du projet initial ! Zadar, passe encore, mais Constantinople tout de même ! Pour les convaincre, le doge de Venise leur promet l'établissement d'un empire latin et le partage des richesses de la ville. Les prêtres et évêques dénoncent ces Grecs, « pires que des Juifs », des traîtres qui n'ont pas hésité à assassiner leur empereur. Ils justifient d'assassiner des schismatiques qui ne font que critiquer la religion de Rome et promettent même d'absoudre de leurs péchés « de par Dieu et le pape » tous ceux qui participent à l'assaut.

Le pape qu'on invoque est pourtant totalement contre cette attaque. Il tente même de s'y opposer mais on cache sa lettre aux croisés.

Une seconde offensive sur Constantinople a donc lieu le 9 avril. Mais les conditions météorologiques sont mauvaises et les navires ont du mal à s'approcher des murailles. Les tours de siège sont détruites par la résistance acharnée des défenseurs. Et pour prouver qu'ils ne craignent pas les attaques des Francs, ils baissent leur culotte pour montrer leur postérieur aux assaillants ! Rapidement et face à une telle détermination, on comprend que l'offensive est un échec.

Les évêques ont prévu leur discours : Dieu testerait la détermination et la foi des croisés qui finiront par l'emporter contre ces mauvais chrétiens. Le discours fait son petit effet et remotive les troupes.

Trois jours plus tard, le vent a tourné et permet désormais le déploiement de la flotte vénitienne. Cette deuxième tentative est la bonne et les murailles sont prises. Une brèche permet le déferlement des chevaliers dans la ville jusqu'à la corne d'or, l'estuaire qui constitue le port naturel de Constantinople. Un incendie terrible déclenché par les croisés sur les murailles se répand dans la ville et finit d'entraîner la fuite des soldats byzantins et de leur empereur.

Constantinople, l'imprenable, vient de tomber pour la deuxième fois aux mains des Latins !

Mais cette fois-ci, la ville est pillée. Et dans des conditions terribles. Pendant trois jours, rien ni personne n'est épargné. De nombreux habitants sont tués et les femmes, violées. Les Latins s'emparent de tout ce qu'ils trouvent, les richesses, les objets, les reliques.

C'est un massacre total et le sang chrétien inonde les pavés. Alexis V Murzuphle, l'ancien empereur byzantin, est capturé peu après par les Francs, jugé et condamné à mort. Il n'y a plus d'empereur mais toujours un reste d'empire. Un quart des terres et les deux cinquièmes de la capitale constituent un empire latin de Constantinople à la tête duquel est élu en mai Baudouin X de Flandre sous le nom de Baudouin Ier. Venise obtient la part du lion : un autre quart des terres et trois cinquièmes de la ville. Le reste est morcelé au profit de seigneurs croisés (les duchés d'Athènes et de Naxos, la principauté de Morée) ou constitue des poches de résistance de l'ancien Empire byzantin (comme l'empire grec de Nicée).

Le pape Innocent III condamne très fermement le détournement de la croisade et les violences causées. Mais rapidement, il voit aussi les perspectives offertes par cet empire latin : l'union des Églises et la latinisation de l'Orient. Il confirme ainsi le nouveau patriarche latin de l'empire. Pour les Grecs, les Latins, dont ils se méfiaient déjà, viennent de montrer par cette conquête et ce pillage qu'ils ne sont que des barbares.

La rupture religieuse est totale et le schisme consommé entre les chrétiens catholiques et orthodoxes. Pour les nouveaux empereurs latins, la situation est compliquée : ils doivent résister aux Grecs avides de vengeance, aux Bulgares toujours prêts à fondre sur ces terres et aux barons qui souhaitent étendre leurs possessions. Le tout, dans l'indifférence totale des souverains d'Occident qui se désintéressent de cet empire latin.

Michel Paléologue, à la tête de l'empire de Nicée, finit par reconquérir Constantinople en 1261. Il tente en vain d'éviter le déclin de l'Empire byzantin mais celui-ci ne se remettra jamais vraiment de l'attaque et du pillage de 1204.

L'opération a été en tout cas très lucrative pour les croisés et en particulier pour Venise. Le doge Dandolo envoie ainsi à la Sérénissime des coffres chargés de pièces (200 000 marcs d'argent environ). Les nombreuses reliques conservées à Constantinople arrivent aussi en Occident. À Venise, ainsi, on reçoit un morceau de la Vraie Croix, un bras de saint Georges, du sang du Christ et même un morceau de la tête de saint Jean-Baptiste !

Comme souvenir du voyage, le doge fait aussi enlever les chevaux de cuivre qui ornaient l'hippodrome et les envoie à Venise où ils sont placés au-dessus de la basilique Saint-Marc. Ils y sont toujours (enfin des répliques puisque les originaux ont été déplacés à l'intérieur).

En 2004, soit huit cents ans après la quatrième croisade, le pape Jean-Paul II a demandé pardon au patriarche de Constantinople. Si l'Empire byzantin n'existe plus, le souvenir de cette terrible attaque persiste bel et bien !

6.

Le roi de France, l'assassin des Templiers ?

France, 1307

Aujourd'hui, l'existence des Templiers, ces moines-guerriers qui défendaient les pèlerins lors de leur voyage à Jérusalem, nourrit de nombreux fantasmes. On parle de leur célèbre trésor qui serait caché non loin du château de Gisors (dans le Vexin normand) ou de la terrible malédiction que le dernier des Templiers lâcha sur son bûcher et qui aurait conduit à la mort d'un certain nombre de rois et de nobles. On connaît bien leur fin, mais beaucoup moins leur histoire.

Avant d'évoquer leur procès et leur disparition, opérons donc un petit retour en arrière sur l'histoire des Templiers. Après la première croisade et la prise de Jérusalem, la situation est loin d'être sécurisée en Orient. Lors de leur parcours jusqu'en Terre sainte, les pèlerins sont toujours inquiétés par des raids musulmans. Deux chevaliers, Hugues de Payns et Godefroy de Saint-Omer, avec sept autres camarades, décident de prendre les choses en main en organisant la défense de ces cortèges de pèlerins. Ce petit rassemblement de guerriers dévoués obéit à des règles de conduite simples mais strictes : pauvreté, chasteté, obéissance. Ils sont appelés au départ « les pauvres chevaliers du Christ ». Baudouin II, le roi de Jérusalem de l'époque, sensible au projet, leur laisse une résidence sur l'esplanade dite du temple de Salomon. À partir de ce moment-là, on va parler de « Templiers ». Ils ne sont pas les seuls moines-guerriers existant en Terre sainte. On peut également citer les Hospitaliers, appelés ainsi car depuis l'hôpital Saint-Jean de Jérusalem, ils soignent les pèlerins malades et infirmes et n'hésitent pas à recourir à la force pour se défendre.

Hugues de Payns voit grand pour les Templiers et parvient à convaincre le pape Honorius II d'agir en leur faveur. En 1129, lors du concile de Troyes, spécialement convoqué pour l'occasion, les évêques approuvent la création de l'Ordre du temple. Parmi les religieux présents, un certain Bernard de Clairvaux, un moine qui deviendra l'un des plus connus et influents de l'époque, et qui a largement contribué au succès et à la reconnaissance des Templiers.

L'ordre reçoit très vite de nombreux dons. Les effectifs augmentent rapidement et ils finissent par établir dans tout l'Occident un réseau de centaines de commanderies qui maillent le territoire et font rayonner leur puissance. Loin d'être des domaines fortifiés, ce sont principalement des exploitations agricoles qui ont pour objectif d'accueillir les Templiers, de les former, de les nourrir ou de les recevoir en retraite. Des paysans qui travaillent pour l'une d'entre elles assèchent ainsi des terres humides situées sur la rive droite de la Seine dans un quartier qui s'appelle encore le Marais.

Accessoirement les commanderies génèrent aussi des revenus pour financer les expéditions en Orient et font souvent office de paroisse. Elles reçoivent enfin elles aussi de nombreuses donations afin d'assurer leur mission de protection des routes de pèlerinage vers Jérusalem et des États latins. Et il en faut, des sous ! Parce que chaque commanderie est censée envoyer un tiers de ses revenus à l'ordre pour financer les opérations en Orient. Une somme difficilement envisageable dans la pratique selon la plupart des historiens.

L'ordre prend donc de plus en plus d'importance et sa puissance économique ne cesse de susciter des jalousies. Elles s'expliquent facilement par les avantages dont les Templiers bénéficient depuis la bulle papale *Omne datum optimum* (1139). Ils ne payent pas de dîme (le dixième des richesses destiné à l'Église), ils sont indépendants des évêques et peuvent choisir eux-mêmes leurs prêtres. Si l'on ajoute à cela qu'étant au service de l'Église et du pape, les Templiers sont indépendants du pouvoir des seigneurs, on comprend qu'ils se font vite un paquet d'ennemis.

Après la chute de Saint-Jean-d'Acre passée en 1291 aux mains des musulmans, le royaume chrétien de Jérusalem disparaît. Et avec lui, le pouvoir des Templiers. En effet, la Terre sainte étant perdue, la raison même de leur existence, c'est-à-dire la protection des biens et personnes qui s'y rendent, n'existe plus.

À partir de la fin du XIIIe siècle, s'ils restent une force armée non négligeable pour la chrétienté, les Templiers ne sont donc plus que l'ombre de ce qu'ils étaient jadis.

Alors, pourquoi Philippe le Bel, roi de France, décide-t-il de procéder à une des arrestations les plus importantes de l'Histoire le vendredi 13 octobre 1307 ?

La question est encore largement débattue parmi les historiens. Nous n'allons pas trancher ici mais évoquer les différentes hypothèses.

Pour certains, si Philippe IV le Bel voit d'un très mauvais œil les Templiers, c'est qu'ils sont les possesseurs d'une immense fortune. Habiles financiers, ils ont reçu à plusieurs reprises le trésor royal en dépôt. Se débarrasser de créanciers si riches serait le meilleur moyen de ne pas rembourser ses dettes. D'ailleurs, Philippe le Bel s'en prend aux banquiers lombards puis aux juifs avant de décider du sort des Templiers, comme s'il avait envie d'apurer ses comptes et de consolider sa position… Mais cette explication reste peu crédible car les Templiers, plus dépositaires de biens que propriétaires, dépensent leur fameux pécule pour acheter des terres afin de produire des revenus, eux-mêmes réinvestis dans de la nourriture et de l'équipement militaire.

Une autre théorie serait de dire que la force militaire que représentent les Templiers peut faire peur au roi de France. Leur importance numérique n'est pas négligeable en effet. Mais la plupart des Templiers sont à Chypre ou dispersés dans toute l'Europe. Ce n'est donc pas une armée soudée qui attendrait, tapie dans l'ombre, d'envahir le royaume de France qui ne compte en son sein que six cents templiers au maximum. En revanche, on peut imaginer que le roi apprécie peu cette milice papale qui joue le rôle d'État dans l'État.

Le plus vraisemblable, en fait, c'est que les Templiers ne sont que les victimes collatérales d'un affrontement bien plus profond entre la papauté et le royaume de France.

En effet, en 1303, Philippe le Bel se heurte assez violemment au pape Boniface VIII qui ne partage pas sa conception du pouvoir. Le pape est le chef de la chrétienté. Toutes les grandes puissances européennes sont chrétiennes. Boniface, en tant que pape, exerce une influence non négligeable sur ces royaumes et peut potentiellement envoyer un roi dans les cordes si ça lui chante. De son côté, le roi de France, Philippe le Bel, ne veut pas que le pape puisse intervenir dans ses affaires. Il le trouve beaucoup trop envahissant et souhaite tout simplement avoir le contrôle total sur son territoire et sur ses sujets, être à la fois roi et pape en son royaume et donc centraliser les pouvoirs autour de sa personne.

Les tensions vont crescendo entre eux. Philippe le Bel convoque ainsi un conseil pour faire déclarer le pape hérétique afin de se débarrasser de lui tandis que, de son côté, Boniface VIII fait planer la menace d'excommunication au-dessus de la tête du roi de France. Dans un contexte où ne pas être rallié au pape peut induire de subir une croisade, ça n'est pas très confortable… Bref, l'équilibre tient tout de même jusqu'à ce que des fidèles de Philippe aillent menacer le pape. Cela débouche sur une situation confuse. Les Français débarquent en plein imbroglio italien face à un clan romain hostile venu régler ses comptes avec le souverain pontife. Boniface VIII est peut-être giflé, les Français tentent d'intervenir, tout le monde finit par se taper dessus et s'insulter. Et le pape, très choqué par ces événements, meurt probablement de chagrin un mois plus tard.

Coup de bol pour Philippe le Bel : son successeur, Benoît IX, ne veut pas faire de vagues et temporise pendant un an avant de mourir, lui aussi, de vieillesse.

Le nouveau pape, Clément V, est élu en 1305 et c'est avec lui que commence une sacrée partie de bras de fer avec Philippe le Bel. Ce dernier voit toujours la papauté d'un très mauvais œil et, dans cette lutte, va instrumentaliser les Templiers.

Lors d'une première rencontre entre les deux hommes en 1305, Philippe le Bel fait part à Clément V de rumeurs assez étranges qui courent sur l'ordre et ses membres. Le pape n'est pas spécialement convaincu, non pas que les Templiers aient à cette époque-là la meilleure réputation qui soit, mais elle n'est pas meilleure ou plus mauvaise que celle d'un autre ordre.

En revanche, les accusations posées par le roi de France sont gravissimes : on prétend qu'ils adorent une idole nommée Baphomet (probablement le nom déformé de Mahomet). Lors des cérémonies d'admission à l'Ordre du temple, on obligerait le postulant templier à piétiner la croix, à se livrer à des pratiques sexuelles déviantes, à renier le Christ, à préférer entretenir des relations charnelles avec d'autres templiers plutôt qu'avec des femmes si le désir est trop fort. On raconte aussi que certains se sont emparés d'une mère qui venait d'accoucher, l'ont grillée avant de manger son enfant ! Les accusations vont toujours plus loin, jusqu'à prétendre que les postulants seraient obligés d'embrasser l'anus d'un templier, scellant ainsi avec lui un pacte avec les forces du mal. Au-delà des pratiques réelles ou fantasmées, le manifeste royal qui reprend l'essentiel de l'accusation charge clairement la barque.

Le pape Clément V reste sceptique. Les rumeurs se répandent pourtant de plus en plus grâce à une propagande bien organisée de l'entourage royal et infiltrent toutes les sphères du pouvoir. Si bien que pour calmer l'agitation, Clément V veut lancer une enquête à ce sujet en 1307. Philippe le Bel opère alors un des plus gros coups de bluff de l'histoire, une tentative incroyable dans le contexte de l'époque : court-circuiter le pape en lançant sa propre enquête royale de son côté ! S'il réussit son coup, il pourra dire à tout le monde que non seulement il n'a pas besoin du pape, mais qu'en plus, il a été capable de résoudre le problème avant lui. De plus, en prouvant que les Templiers sont des hérétiques, il se place en défenseur de la chrétienté.

Philippe le Bel sort donc les grands moyens. Le 13 octobre 1307, il organise une immense arrestation collective à travers tout le territoire. Nous n'avons pas de chiffres précis mais d'après certains écrits, 138 membres de l'ordre sont arrêtés à Paris, et 94 en province. Il faut imaginer l'organisation pour l'époque d'une telle arrestation simultanée dans tout le royaume ! Elle est planifiée depuis des semaines, voire des mois.

Afin de ne pas être en reste, Philippe le Bel informe les autres souverains de l'opération et les invite à faire de même avec les Templiers dans leurs États. Trois seulement l'imitent, le duc de Basse-Lorraine, le comte de Juliers et l'archevêque de Cologne. Les autres, plus prudents, considèrent que les Templiers relèvent de l'autorité du pape. Le roi d'Angleterre, qui ne perd pas une occasion de s'opposer au roi de France, essaye au contraire de convaincre les souverains qu'il ne s'agit que de calomnies dictées par le désir de s'emparer de leurs richesses.

Quant au pape, il est furieux de l'arrestation. Il envoie immédiatement une lettre au roi de France pour se plaindre. Légalement, celui-ci n'a pas le droit d'arrêter les sujets de Clément V. Mais Philippe ne veut pas renoncer et entend bien obtenir des aveux sur les pratiques hérétiques des Templiers. Il use et abuse de la torture, si bien que de nombreux membres de l'ordre craquent et finissent par avouer tout ce qu'on leur demande, c'est-à-dire les crimes qu'ils n'ont sûrement pas commis.

S'il est tout à fait possible que quelques templiers se soient effectivement livrés à des actes charnels, ça n'était pas, *a priori*, des pratiques très répandues. Ce qui pose davantage problème, c'est que le chef des Templiers, Jacques de Molay, avoue lui aussi sous la torture que lors des cérémonies d'initiation, on oblige à renier le Christ.

C'est une petite victoire pour Philippe le Bel qui se frotte les mains. Il tient les aveux qu'il attendait.

En 1308, Clément V se déplace à Poitiers pour négocier avec le roi le sort des Templiers. Pour montrer qu'il est ouvert à la discussion, Philippe le Bel a aligné ses armées autour de la ville. Clément V plie le genou en reconnaissant la légitimité de l'action royale mais réussit à obtenir deux enquêtes distinctes, la première dirigée par les diocèses concernant les membres de l'ordre, et l'autre l'ordre en tant que tel, menée par l'État pontifical. Même s'ils sont en théorie sous l'autorité papale, les diocèses sont une échelle locale et donc très influencés par le roi de France.

Ces deux enquêtes doivent rendre leur verdict deux ans plus tard, en 1310. Rapidement, elles piétinent et prennent du retard. Beaucoup de templiers n'avouent rien, même sous la torture. En 1310, plus de six cents templiers se réunissent pour faire face ensemble aux accusations dont ils sont victimes. Ils prétendent que tout cela n'est que de la diffamation et exigent que l'on arrête cette chasse aux sorciers.

Mais leur sort est déjà scellé pour le roi de France. Soixante d'entre eux, qui avaient avoué leurs péchés en 1307 avant de se rétracter, sont déclarés relaps, c'est-à-dire retombés dans l'hérésie. Ils sont arrêtés et envoyés au bûcher le 12 mai 1310 – une décision qui dissuade bien tous les autres qui n'osent plus défendre l'ordre.

Les conclusions des enquêtes sont finalement rendues en 1311 lors du concile de Vienne. La plupart des religieux s'accordent sur l'absence de preuves convaincantes au niveau européen pour condamner les Templiers. Mais les Français prétendent, eux, avoir réuni toutes les preuves possibles. Si la grosse majorité des religieux chargés de mener ces conclusions ne veulent pas condamner les Templiers, Clément V, lui, hésite. Il est soumis à la pression exercée par le roi de France qui, une fois de plus, n'hésite pas à déplacer son armée pour le menacer.

Le pape, dans l'impasse, décide alors d'un coup de bluff pour tenter de sauver un maximum de Templiers. Il ne condamne pas l'ordre pour hérésie mais décide tout de même de le dissoudre administrativement. Ainsi, le problème disparaît et les membres de l'ordre ne sont pas condamnés. En tout cas, pas ceux qui avouent leurs péchés. En revanche, ceux qui nient ou qui sont revenus entre-temps sur leurs déclarations sont dans de beaux draps. Clément V, qui ne veut plus entendre parler de l'affaire, laisse les choses se régler d'un point de vue local et décide par une bulle pontificale que toute personne revenant sur cette affaire sera excommuniée. Avec une exception cependant pour les quatre dirigeants de l'ordre que la papauté veut juger elle-même.

C'est plutôt une bonne nouvelle pour Jacques de Molay, le grand maître de l'ordre, qui espère ainsi pouvoir enfin obtenir une audience pour faire valoir ses arguments. Mais en mars 1314, l'assemblée papale condamne les quatre responsables à la prison à perpétuité sans même que le principal accusé ait pu se défendre. Abasourdi, il se révolte avec un de ses camarades et revient sur tous les aveux qu'il avait pu faire. Avant que le pape puisse réagir, Philippe le Bel décide d'envoyer Jacques de Molay et Geoffroy de Charnay, son compagnon d'infortune, au bûcher.

Un nouveau coup de force du roi de France qui réussit là son objectif : affirmer sa toute-puissance face à la papauté.

Avec la mort de Jacques de Molay, l'ordre s'éteint définitivement. À travers toute l'Europe, les commanderies passent sous le contrôle des Hospitaliers et les anciens membres se répartissent un peu partout dans d'autres ordres religieux ou retournent à la vie civile, tandis que les plus malchanceux sont exécutés.

Philippe le Bel marque par son règne une rupture avec le monde médiéval et la domination du pouvoir pontifical tel qu'on le connaissait jusqu'à présent. Par sa hargne à vouloir imposer son pouvoir total sur le royaume de France, il éloigne de plus en plus la papauté des affaires du royaume.

Clément V, lui, a tenté de résister au roi de France mais doit plier devant la témérité de Philippe.

La fin des Templiers inaugure aussi une légende qui nous parvient jusqu'à aujourd'hui à travers le roman de Maurice Druon, *Les Rois maudits*. Ce très célèbre ouvrage, qui a notamment inspiré George R. R. Martin pour *Game of Thrones*, commence par l'exécution de Jacques de Molay, interpellant l'assemblée pendant que les flammes caressent son corps : « Pape Clément !... Chevalier Guillaume !... Roi Philippe !... Avant un an, je vous cite à paraître au tribunal de Dieu pour y recevoir votre juste jugement ! Maudits ! Maudits ! Maudits ! Tous maudits jusqu'à la treizième génération de vos races ! » D'autres récits évoquent une formule plus courte : « Dieu vengera notre mort ! »

Quoi qu'il en soit, cela semble avoir un certain effet puisque le pape Clément meurt la même année d'un cancer. Philippe, lui, le suit dans la tombe peu de temps après lors d'un accident de chasse. Ses fils règnent à eux trois quatorze ans avant de mourir successivement et d'éteindre la lignée des Capétiens directs.

La prophétie s'est-elle réalisée ?

Difficile à dire mais c'est surtout commode pour Maurice Druon de réécrire le passé… six cent cinquante ans plus tard !

7.

La peste noire, un complot ?

Europe, 1348-1349

L'humanité a toujours été confrontée à la maladie, des premières bactéries au coronavirus. Mais de toutes les pathologies, la plus meurtrière et celle qui suscite encore les plus grandes craintes reste à ce jour la peste.

Dans l'histoire on recense des dizaines et des dizaines de ces épidémies qualifiées de peste, depuis l'Antiquité et même encore jusqu'à ces dernières années dans certaines régions du monde. Pour autant, la bactérie à l'origine de cette maladie particulièrement virulente et meurtrière n'a été isolée qu'à la fin du XIXe siècle, une période de grands progrès de la médecine, par un médecin franco-russe du nom d'Alexandre Yersin. Il fut élève de Louis Pasteur et envoyé en Chine lors d'une épidémie de peste. Il a donc laissé son nom à la bactérie qui, plus tard, a été baptisée Yersinia Pestis.

Celle-ci provient des rongeurs et petits mammifères. Les rats sont le plus souvent touchés par la maladie mais on peut aussi la retrouver chez les écureuils ou les marmottes par exemple. On a longtemps raconté que la peste se transmettait du rat à l'homme par les morsures de celui-ci. C'est inexact : la transmission de la peste d'un rongeur vers un autre, ou vers l'homme, se fait en réalité par l'intermédiaire des puces. Les puces se nourrissant de sang, elles peuvent être contaminées en piquant un rongeur infecté. Par la suite, en changeant d'hôte, un autre rat ou un homme, elles lui inoculent également la maladie en le piquant à son tour. Ce mode de transmission par la piqûre d'une puce est le plus fréquent. Il donne alors lieu à ce qu'on appelle la peste bubonique. Un à quatre jours après la transmission, la maladie se manifeste brutalement : le malade se sent très faible, il est vite atteint par une forte fièvre, des convulsions, des maux de tête, des diarrhées, mais aussi des vomissements. Un bubon, qui est un gonflement caractéristique des ganglions, souvent présent dans les représentations de la maladie, apparaît aussi. Il peut parfois y en avoir plusieurs.

Cette forme bubonique de la peste est très mortelle, 40 à 70 % des malades n'y survivent pas sans un traitement moderne. Quant à ceux qui y survivent, il leur faut ensuite un long rétablissement. La peste bubonique passe rarement d'un être humain à un autre. Mais cela peut arriver si la maladie atteint les poumons du malade. Dans ce cas, il peut également transmettre la maladie en toussant ou en crachant par exemple. On parle alors de peste pulmonaire si une autre personne est infectée. Mais cette forme de la maladie est encore plus violente. Les premiers symptômes qu'on a déjà décrits (fièvre, maux de tête) peuvent intervenir quelques heures à peine après l'infection. Pire, cette peste mène très vite le malade vers le coma et une mort rapide en seulement quelques jours dans 100 % des cas sans un traitement moderne.

Il existe enfin une dernière forme de transmission de la peste, par le contact direct des bactéries de la peste avec le sang, par exemple par l'intermédiaire de petites plaies. On parle alors de peste septicémique et l'évolution de la maladie est là aussi très brutale et mène également rapidement à la mort du malade.

Toute cette connaissance sur la peste est tardive et nous ne sommes pas sûrs que toutes les épidémies qualifiées de peste à des époques antérieures aient bien été causées par celle-ci. Le terme « peste » a aussi pu servir par exemple pour désigner des épidémies meurtrières qu'on ne comprenait pas non plus à l'époque, comme celles de choléra par exemple.

Mais il y en a bien une dont nous savons qu'elle est due à cette bactérie.

Elle est aussi la plus meurtrière et la plus étendue géographiquement. Traversant l'Europe entre 1347 et 1352, elle tue en cinq ans entre un tiers et la moitié de sa population, avec des variations selon les zones et pays concernés, allant de 30 % de mortalité en Autriche à 60 % en Angleterre – parfois plus dans les villes : 60 % à Hambourg et même 75 % à Venise ! Une mortalité absolument hors normes. Sur la population de départ, on se retrouve souvent en fin d'épidémie avec seulement une personne sur deux ou sur quatre dans les cas les plus extrêmes.

En raison de son ampleur et de sa violence, cette pandémie est d'ailleurs qualifiée de « peste noire ». Elle trouve ses origines en Asie centrale dans les années 1330, au bord de la mer Caspienne et certainement dans l'actuel Kazakhstan. Dans les années 1340, elle se répand vers le sud, mais aussi vers le nord et l'ouest, en suivant le cours de la Volga. En 1347, elle atteint la Crimée et notamment la ville de Caffa qui est un comptoir de marchands génois. Les Tatars, qui assiègent la place, décident de catapulter des malades infectés et des cadavres à l'intérieur des murs. L'arme bactériologique du Moyen Âge ! Et efficace avec ça ! Les navires génois vont quitter ce port assiégé, emportant à leur bord la maladie. Et à partir de là, plus rien ne peut l'empêcher de dévaster le continent européen.

Elle atteint Constantinople puis l'Afrique du Nord et toute l'Europe de 1347 à 1352, même si certaines régions restent relativement épargnées comme l'ouest de la Belgique actuelle ou le sud de la Pologne. Des recherches récentes semblent montrer que cette pandémie de peste noire s'est étendue plus loin encore. Elle aurait pu, depuis l'Afrique du Nord, traverser le Sahara grâce aux caravanes marchandes et toucher les populations subsahariennes, ce qui correspondrait à de récentes découvertes archéologiques avec notamment l'abandon de nombreux sites peuplés dans la région à cette époque.

De nombreuses épidémies, plus régionales, continuent de toucher les différents pays européens par vagues. Par exemple, la France connaît encore quatre épidémies de peste au XVIIe siècle, trois cents ans pourtant après la pandémie de 1347.

Quand une telle tragédie frappe, on se demande forcément qui en est responsable. A-t-on protégé suffisamment la population ? Ou, au contraire, a-t-on favorisé dans des buts inavouables la propagation de cette pandémie ?

Pour les Européens de 1347, il faut trouver une explication à l'apparition de cette maladie. Et à l'époque, pour ce faire, on ne s'en remet pas à la médecine mais plutôt à la religion : chrétiens mais aussi musulmans considèrent que la peste est d'abord une expression de la colère divine. Suivant ce raisonnement, il faut apaiser le mécontentement de Dieu, notamment par la prière mais aussi par des processions et l'invocation des saints.

Pour certains, il faut aller jusqu'à expier ses péchés et ceux des hommes en se fouettant jusqu'au sang. Ces flagellants ne sont pas nouveaux mais, dans le contexte de la peste, ils se multiplient. Depuis la Vénétie, le mouvement gagne l'Autriche, la Hongrie, la Pologne, l'Allemagne avant d'atteindre l'ouest de l'Europe en 1349. Partout, on les voit défiler avec leur robe à capuchon et leur croix rouge dans le dos et sur la poitrine. Entre cantiques et prières, ils s'occupent en portant une croix et surtout, deux fois par jour, en public, ils reçoivent leur pénitence avec des coups de fouet à lanières à pointes de fer. C'est une véritable hystérie collective qui concerne des groupes mobiles de cinquante à trois cents personnes. De plus en plus nombreux, ils inquiètent les autorités par leur fanatisme et les violences qu'ils déchaînent sur leur parcours. Ils se font progressivement condamner par le pape et par plusieurs souverains.

On accable aussi ceux que l'on accuse de propager la peste. D'abord les vagabonds et les mendiants que l'on soupçonne d'empoisonner les puits, les maisons et les églises. La rumeur raconte qu'ils utilisent pour cela des potions en poudre reçues d'inconnus qui leur ont donné de l'argent afin de tuer les bons chrétiens. À Narbonne en 1348, neuf miséreux sont écartelés. En décembre de la même année dans le Bourbonnais, deux femmes errantes souffrant de froid et de faim sont torturées à mort par le seigneur du lieu, persuadé qu'il s'agissait d'empoisonneuses chargées de transmettre la peste.

Les lépreux ne sont pas oubliés. En temps normal, on les isole du reste de la société. On ne les considère pas comme des malades mais, leur apparence est censée le montrer, comme des pécheurs. On pense ainsi qu'ils portent sur leur corps les péchés qu'ils ont pu commettre. L'idée est donc de les laisser à l'écart des villes, dans des léproseries, afin d'éviter qu'ils ne transmettent leur maladie. Et, de temps en temps, on en massacre quelques-uns, comme en 1321 à Périgueux où tous les lépreux de la ville sont brûlés vif. Mais avec la peste, ce qui était une séparation devient une accusation. La rumeur prétend que les lépreux sont responsables, qu'ils ont eux aussi répandu leur poison. Ne sont-ils pas déjà malades, signe que Dieu cherche à les punir ?

Rapidement, on leur trouve des complices qui vont concentrer sur eux l'essentiel des attaques et des massacres : les Juifs. Les accabler de tout n'est pas vraiment nouveau. Outre l'accusation habituelle de déicide (ils sont rendus responsables de la mort de Jésus), on raconte régulièrement qu'ils répandent les maladies en empoisonnant les puits. De plus, interdits de pratiquer la plupart des métiers, les Juifs s'orientent souvent vers le prêt d'argent, aux puissants comme au bas peuple. Évidemment, être des créanciers ne les rend guère populaires ! Les Juifs étant parfois aussi apothicaires ou médecins, on les soupçonne de manier les poisons. Enfin, le bruit court qu'ils sont moins frappés par la peste. Bref, des responsables parfaits pour cette épidémie !

Qualifiés de « semeurs de peste », ils font l'objet de pogroms, c'est-à-dire de massacres et de pillages. Le premier pogrom aurait eu lieu en 1348 à Toulouse, mais ils sont nombreux dans les années suivantes notamment à Barcelone ou encore Bruxelles. À Strasbourg, neuf cents Juifs, soit la moitié de ceux que compte la ville, sont brûlés, accusés par la population de propager la peste.

Les princes et les autorités religieuses tentent tout pour arrêter ces violences. Ainsi, en juillet et en septembre 1348, le pape Clément VI lance deux bulles en faveur des Juifs. En vain. La fureur populaire se déchaîne contre ces malheureux et les persécutions se généralisent. Souvent même avant l'arrivée de la peste ! À Spire, en Allemagne, certains Juifs préfèrent se suicider que d'affronter les persécutions. Dans l'été 1349, celles-ci se généralisent en Allemagne et gagnent l'Autriche, la Bohême et la Moravie. Seuls la Pologne et le Brandebourg offrent un asile aux Juifs persécutés.

À partir de 1351, cette violence sans précédent s'achève enfin grâce aux mesures fermes prises par les différentes autorités.

Punir des coupables désignés ne résout cependant pas le problème du moment : la peste ! Face à ce péril mortel, les médecins médiévaux mettent en place leurs traitements habituels : ils pratiquent la saignée, font transpirer les malades, quelquefois ils entaillent même le bubon, et tout cela sans aucun résultat. En fait, les médecins ne comprennent pas la maladie et ignorent encore plus comment la soigner. En plus de proposer des traitements inefficaces, ils font preuve d'une certaine imagination, allant jusqu'à donner des conseils d'alimentation à leurs patients comme consommer des bouillons, des poudres digestives ou encore des préparations pharmaceutiques, toutes évidemment sans effet. Les lavements proposés sont eux aussi complètement inutiles pour freiner le développement de la maladie.

Au XIVe siècle la société médiévale voit donc la peste avant tout comme une punition divine et les médecins de l'époque ne lui donnent pas tellement tort puisqu'ils sont incapables de la soigner et d'apporter des solutions dans le traitement de la maladie.

Alors évidemment, bien plus que de soigner les pestiférés, ce que les médecins ne savent de toute évidence pas faire à cette époque, on les met à l'écart, à la fois bien sûr car ils sont visés par ce qui apparaît comme une punition divine, mais aussi tout simplement par crainte de la contagion.

Une quarantaine qui s'avérera une idée assez prometteuse !

Au départ, les malades de la peste sont tout simplement assignés à domicile – un confinement qui rappelle des événements plus récents. Mais ce n'est pas très efficace, ne serait-ce que parce que les malades vivent rarement seuls et donc cela n'empêche pas la propagation de la maladie.

Des hôpitaux de peste sont donc créés soit de toutes pièces, soit en utilisant d'anciennes structures, qu'il s'agisse d'hôpitaux déjà existants ou de léproseries, lieux où on isolait déjà les lépreux. Par exemple à Toulouse, l'actuel hôpital de La Grave, qui existe depuis le XIIe siècle, a accueilli de nombreux malades de la peste au Moyen Âge et a même été agrandi dans ce but à l'époque moderne.

Au fil des épidémies se constituent donc de véritables lieux destinés à concentrer et isoler les malades du reste de la population pour éviter la contagion. Dans les villes, ces mesures sont le plus souvent à l'initiative des autorités municipales qui tiennent à tenir les pestiférés le plus éloignés possible du reste de la population.

Avant 1347, et même dès le XIIe siècle, les historiens estiment que la population européenne atteint une sorte de « maximum » ou de plafond qu'elle conserve jusqu'à l'épidémie de peste noire : les villes se sont beaucoup développées et les campagnes sont relativement pleines, à tel point que les productions agricoles avec les techniques de l'époque suffisent à peine à maintenir en vie ces populations. Pour cette période du XIVe siècle, il y a un vrai manque de chiffres généraux mais, comme nous l'avons évoqué, les historiens estiment que cette seule épidémie de 1347 à 1352 a tué entre 30 et 50 % de la population européenne. Un chiffre difficilement imaginable ! Or, c'est loin d'être fini en 1352 puisque d'autres épidémies de peste plus localisées prennent le relais jusqu'à la fin du XIVe siècle, avec des taux de mortalité similaires. Ce qui vous donne une idée de l'effondrement de la population européenne à cause de cette maladie.

Il faut ensuite tout le XVe siècle pour que les populations se remettent lentement de ces nombreuses épidémies du XIVe siècle et ce n'est vraiment qu'au XVIe siècle que l'Europe connaît une nouvelle période de prospérité importante.

Cette diminution très importante de la population a exercé une influence sur toute l'économie médiévale. Par exemple, dans les campagnes, la mort d'une partie importante de la population paysanne réduit largement les cultures, de la même façon que la mort de très nombreux artisans dans les villes raréfie leurs productions.

L'Europe occidentale connaissait déjà une crise économique profonde, au moins depuis le début du XIVe siècle, avec une baisse générale et pas seulement agricoles. La peste vient bien sûr s'ajouter à ces difficultés déjà antérieures en déréglant encore plus les échanges économiques, mais elle ne vient pas elle-même mettre fin à une période qui serait prospère. Elle survient dans un contexte déjà difficile.

Certains historiens considèrent que la peste noire a même pu être une partie de la solution de la crise de l'agriculture dans des campagnes qui étaient très peuplées et où les terres manquaient avant l'épidémie, causant donc la pauvreté d'une partie non négligeable de la population et des famines récurrentes.

Une fois l'épidémie passée, de nombreuses terres deviennent libres et peuvent être exploitées par les survivants qui se dispersent au lieu de rester en trop grand nombre sur une même terre familiale.

Mais dans le même temps, la peste noire pose aussi des problèmes sur le plan économique, en plus de la baisse des productions. Puisque les morts ne paient pas d'impôts, la disparition d'une partie importante de la population veut aussi dire qu'un grand nombre de contribuables disparaissent. Et ce alors que la peste noire engendre des coûts supplémentaires pour les autorités qui doivent s'occuper des pestiférés, créer des lieux pour les accueillir mais aussi embaucher toute une main-d'œuvre pour tenter de les soigner, notamment les « médecins de peste », ou au contraire, de transporter les très nombreux corps et de les enterrer.

Or, tout cela a un coût très important.

Il y a donc une contradiction entre d'un côté ces coûts qui augmentent, et de l'autre le nombre de contribuables qui baisse.

Mais au-delà des seules répercussions sur la population et l'économie médiévales, la peste noire a des conséquences bien plus profondes selon certains historiens. Pour eux, la peste noire peut être vue comme un élément déclencheur dans le passage du Moyen Âge à la Renaissance et à l'époque moderne : ils estiment que la peste noire met fin à la situation de blocage que connaît l'Occident médiéval au XIVe siècle, avec comme on l'a vu une crise économique qui était déjà là, mais aussi des institutions et une organisation sociale stables qui évoluent beaucoup dans les siècles suivants.

La diminution de la population permet donc une diversification de l'économie qui aboutit à un niveau de vie globalement plus élevé et notamment à une alimentation plus équilibrée qu'auparavant. Et cela touche même les populations les plus pauvres, ce qui est d'ailleurs à l'époque commenté par les chroniqueurs qui critiquent ce qu'ils voient comme un « goût du luxe » déplacé de la part des pauvres.

Pour ces historiens, la peste noire joue aussi un rôle important dans le développement des techniques à la fin du Moyen Âge : la baisse de la population pousse à chercher de nouvelles méthodes pour diminuer le besoin de main-d'œuvre qui est devenue plus chère à employer car plus rare. À la campagne, l'élevage est une solution car la surveillance du bétail nécessite bien moins de travailleurs que le labourage et les travaux des champs à surface égale. Dans les villes, il s'agit d'obtenir des machines plus efficaces permettant d'augmenter la productivité dans les différents domaines de l'artisanat.

L'essor de l'imprimerie en Europe dans la seconde moitié du XVe siècle en est un bon exemple : la machine remplace alors le travail long et fastidieux des copistes qui recopiaient les livres à la main, chaque livre coûtait donc très cher. Avec l'imprimerie les choses sont beaucoup plus rapides, il faut beaucoup moins de main-d'œuvre pour produire autant et le coût des livres diminue en conséquence.

À plus long terme, la maladie et la mort inspirent une peur qui s'ancre dans tous les esprits. Cela développe donc une certaine obsession des croyants pour leur salut : le culte des saints se développe, surtout celui de ceux qu'on estime protecteurs contre la peste comme saint Christophe ou sainte Rose de Viterbe, mais c'est aussi à partir de là que les plus riches font tout leur possible pour acquérir des reliques, être enterrés au sein des églises ou encore obtenir le plus de messes en leur honneur après leur mort. Cette crainte pour son salut et ces nouvelles façons de réclamer aux religieux des messes ou des indulgences font débat et on a là une des causes qui mènent les chrétiens au schisme protestant au XVIe siècle.

La peste noire de 1347 est donc bien un bouleversement pour la société de la fin du Moyen Âge. Cette maladie très virulente se répand en Europe grâce aux flux de marchandises et d'abord au transport maritime et cela malgré les différentes tentatives des autorités de l'époque d'empêcher sa propagation.

Non seulement, la peste noire crée un véritable traumatisme en amputant l'Europe d'un tiers à la moitié de sa population d'alors. Mais en plus, elle bouscule les structures économiques et les comportements culturels des Européens. On peut donc dire qu'elle a un impact très important et contribue même en partie, selon certains historiens comme David Herlihy, au passage de l'époque médiévale à l'époque moderne en mettant fin à plusieurs siècles de reproduction du même schéma de société.

8.

La conjuration des Pazzi : tous contre les Médicis !

Florence, 1478

Si vous aimez les histoires de famille, les effusions de sang et les luttes pour le pouvoir, bienvenue dans la Florence de 1478 !

À cette époque, la ville est officiellement une république, mais elle est en réalité dominée par les grandes familles marchandes. Les rapports entre elles sont rarement cordiaux et quand on ne construit pas un palais plus beau que les autres pour en mettre plein la vue aux rivaux, on se menace à coups de poison.

En 1478, ce sont les deux frères Médicis, Laurent et Julien, qui contrôlent Florence. Ce pouvoir remonte à leur grand-père, Côme, et à leur père, Pierre le Goutteux qui, habilement, avaient confié des magistratures à des fidèles afin de renforcer l'influence du clan sur les institutions florentines. Parallèlement, la prospère famille de banquiers et marchands s'était montrée très généreuse avec le peuple, ce qui lui assurait une grande popularité. De l'argent en effet, les Médicis n'en manquent pas. Enrichis par le commerce des laines, des tissus et surtout par la finance, ils sont devenus les banquiers des princes. Les rois de toute l'Europe et même le pape leur empruntent de l'argent.

Les Médicis, amateurs d'art, pratiquent le mécénat et attirent à eux les meilleurs artistes de leur époque pour accroître le prestige de la famille. C'est l'âge d'or de Florence. Imaginez donc ! Les peintres Botticelli, Lippi, l'architecte Brunelleschi qui construit la plus grande coupole d'Europe de l'époque ou encore le sculpteur Donatello... Florence est l'un des berceaux majeurs de la Renaissance.

Inquiètes du pouvoir des Médicis, les autres familles marchandes les envient, les jalousent et parfois souhaitent leur déchéance. Celle des Pazzi, aussi ancienne qu'illustre, voit ainsi d'un mauvais œil ces « parvenus » de Médicis asseoir leur autorité sur la ville. Imaginez un peu ! Chez les Pazzi, on a un ancêtre qui a participé à la première croisade et on dispose de sa propre chapelle dans la magnifique église Santa Croce. Alors, logiquement, on prend de haut ces parvenus de banquiers.

Laurent de Médicis a pourtant marié sa sœur à un Pazzi, mais cela n'a pas réussi à faire baisser les tensions entre les deux familles.

En 1478, les Pazzi entendent dès lors se débarrasser des Médicis. L'idée est de décapiter cette famille au sens propre comme au sens figuré. Avec comme objectif de rétablir l'oligarchie de Florence au profit des familles les plus nobles et traditionnelles, les Pazzi donc. Le vieux Jacopo Pazzi, l'âme du complot, réussit à réunir autour de lui une cinquantaine de conspirateurs. Ceux-ci trouvent vite un allié avec le nouveau pape, Sixte IV, qui aimerait bien agrandir ses États pontificaux sur les territoires florentins. D'autres complices rejoignent la conjuration comme l'archevêque de Pise (les Médicis s'étaient opposés à sa nomination) ou encore le duc d'Urbino.

Une volonté de vengeance, de la jalousie et des alliés puissants… Il ne reste plus qu'à trouver le bon moment pour agir.

Une première tentative a lieu le 25 avril 1478 au cours d'un banquet donné en l'honneur de Raffaele Sansoni Riario, le neveu du pape tout juste nommé cardinal. Les Pazzi avaient prévu d'y empoisonner les Médicis, mais Julien, souffrant, car blessé après une partie de chasse, ne vient pas. On décide de réessayer le lendemain.

Le 26 avril 1478, le cardinal Riario célèbre la messe de Pâques dans la cathédrale Santa Maria del Fiore de Florence. On y a convié tous les invités présents au banquet de la veille. Une possibilité unique de se débarrasser d'un coup de la famille de Médicis qui s'installe au premier rang. Julien n'est toujours pas là, mais les Pazzi vont le chercher en prétextant qu'il ne peut manquer la célébration de Pâques.

Cependant Giovanni Battista da Montesecco, un ancien condottiere du pape qui avait été recruté initialement pour l'assassinat, refuse de tuer dans une cathédrale. Il a un cas de conscience et ne veut pas ajouter « le sacrilège à la trahison ». On trouve un marchand, Bernardo Bandini, prêt à poignarder Julien et deux hommes – deux prêtres ! – pour s'attaquer à Laurent de Médicis. Petit hic qui aura son importance pour la suite : aucun de ces deux-là n'a d'expérience comme assassin.

Au moment de la communion, alors que Julien et Laurent sont agenouillés, les conjurés attaquent. Écartant la foule, les assassins sortent leur dague et frappent. Julien meurt rapidement. Bernardo Bandini l'atteint en plein cœur et Francesco de' Pazzi s'acharne sur le cadavre avec dix-neuf coups de couteau au total. Dans sa rage, il réussit même à se blesser tout seul à la jambe !

Peu expérimentés, les agresseurs de Laurent sont maladroits et celui-ci, par réflexe, réussit à parer l'attaque. Il n'est que légèrement blessé au cou, parvient à s'échapper et s'enferme dans la sacristie. Un de ses amis, Francesco Nori, fait barrage de son corps et se fait tuer pour le protéger.

Alors que le chaos et la panique règnent dans la cathédrale, les partisans des Pazzi se rendent au palais de la seigneurie en criant « Liberté, liberté ». Mais les choses tournent mal pour eux car le peuple de la ville ne les soutient pas et s'indigne même de ce crime dans un lieu saint. Un jour de Pâques, de plus ! Le gonfalonier de Florence, c'est-à-dire le chef du gouvernement de la république, reste lui aussi fidèle aux Médicis. Il fait refermer les portes du palais de la seigneurie sur les Pazzi qui s'y trouvent avant de les faire pendre aux fenêtres de l'édifice.

Et dans le lot, il y avait tout de même l'archevêque de la cité !

D'autres conjurés sont jetés par les fenêtres du palais à la foule qui les lynche sauvagement. Commence alors une véritable chasse à l'homme, ou plutôt chasse aux Pazzi et à leurs alliés, traqués par tous dans la ville. La répression est terrible. Les membres du clan sont pendus ou massacrés impitoyablement. Les Médicis, évidemment, laissent faire. Le palais Pazzi est attaqué et pillé. Francesco de' Pazzi, qui s'y était réfugié pour y soigner sa blessure, est capturé puis amené au Palazzo Vecchio pour y être pendu aux côtés de l'archevêque.

On compte près de soixante-dix cadavres dans les rues. Tous les Pazzi qui essayent de fuir sont rattrapés et tués. Le blason de la famille est détruit et leurs biens, confisqués par la république.

Jacopo de' Pazzi, l'âme du complot, est rattrapé alors qu'il cherchait à se faire oublier dans les Apennins, la chaîne de montagnes qui barre le centre de l'Italie. Ramené de force à Florence, il est jugé et condamné à la pendaison. Des voisins compatissants l'enterrent en cachette dans le caveau de la famille. Mais il est ensuite déterré pour être inhumé hors des murailles de la ville, car Florence n'accepte pas les traîtres, même morts. Cela ne suffit toujours pas aux plus acharnés. Le corps de Jacopo de' Pazzi est donc de nouveau exhumé et on promène ses restes partout dans la ville le long de la corde qui avait servi à le pendre. Finalement, le peuple se lasse un peu et jette le cadavre dans l'Arno. Des enfants joueurs récupèrent les restes en aval, le dépècent avant de rejeter définitivement les morceaux dans l'eau.

Bernardo Bandini, l'assassin de Julien de Médicis, fuit jusqu'à Constantinople, pensant être tranquille dans l'Empire byzantin. Mais il y est reconnu et dénoncé. Ramené enchaîné jusqu'à Florence, il finit, lui aussi, pendu. Léonard de Vinci le représente au bout de sa corde au détour d'un de ses carnets.

Le pape, qui n'a pas digéré l'échec du complot et surtout la répression qui s'est abattue sur ses alliés Pazzi, tente alors un dernier coup. Il excommunie Laurent de Médicis et, pour avoir pendu l'archevêque, la ville est frappée d'interdit (il est désormais impossible d'y donner les sacrements). La seigneurie refuse cette décision et impose aux prêtres de célébrer les offices comme d'habitude. Le pape est furieux et déclenche la guerre contre Florence. La « guerre des Pazzi » va durer deux ans.

Rapidement, les Florentins se retrouvent seuls face à une coalition d'ennemis autour de la papauté (le roi de Naples, les cités d'Urbino, de Lucques et de Sienne) qui comptent bien profiter de l'occasion pour affaiblir la république. Venise, la seule alliée potentielle des Florentins, refuse de s'impliquer dans ce qu'elle estime être un conflit pour affaires privées. Les choses se passent donc mal pour les troupes florentines qui reculent partout. Les places fortes tombent les unes après les autres et, du côté des Médicis, les recrutements en urgence de mercenaires n'aboutissent qu'à des succès éphémères.

À l'automne 1479, les troupes du roi de Naples sont aux portes de Florence. La population de la cité panique.

Laurent de Médicis décide alors de jouer sa dernière carte. Il se rend courageusement en personne auprès de son ennemi le plus dangereux, Ferdinand Ier de Naples, un roi réputé fourbe et cruel. Les premières discussions sont décevantes. Ce dernier refuse toute négociation en l'absence de son allié le pape. Laurent utilise alors une autre de ses armes, son argent, qu'il distribue très généreusement à la ville et à la cour de Naples. Les dons pleuvent et les festins s'enchaînent. Cette débauche de moyens a pour vertu de le rendre très sympathique et encourage un peu plus Ferdinand Ier à l'écouter.

Mais surtout, les Médicis reçoivent un renfort inattendu.

La flotte turque dirigée par le vizir Gedik Ahmed Pacha a en effet entrepris de conquérir des possessions napolitaines en Méditerranée. Ferdinand Ier préfère donc concentrer ses forces contre ce danger autrement plus redoutable et signe une paix avec les Florentins. Le pape, lâché par son allié, est bien contraint de l'accepter et en mars 1480, la paix est proclamée à Florence.

Les Médicis s'en sortent donc grâce à l'habileté diplomatique de Laurent et toute cette conjuration, c'est un beau paradoxe, leur permet de renforcer leur pouvoir sur Florence.

Extrêmement populaire, Laurent de Médicis devient par la suite « le Magnifique », se montrant un mécène généreux. Il soutient des artistes comme Léonard de

Vinci, Botticelli ou Michel-Ange et transforme la ville qui devient l'un des cœurs de la Renaissance italienne.

Les Pazzi, enfin ce qu'il en reste, ne peuvent revenir à Florence qu'une quinzaine d'années plus tard, au moment où le moine et prédicateur Savonarole prend le contrôle de la ville en chassant les Médicis.

Ce n'est pas vraiment lié à toute cette affaire mais en italien, « *pazzi* » signifie « fous », un nom qui semble donc prédestiné !

9.

La conjuration d'Amboise : quand on enlève le roi pour le bien du royaume !

France, 1560

Le 30 juin 1559, le roi de France Henri II décide de participer à un tournoi de chevalerie, l'une des réjouissances organisées à l'occasion du double mariage, celui de sa fille Élisabeth avec le souverain d'Espagne Philippe II et celui de sa sœur, Marguerite, avec le duc de Savoie.

Henri II a alors 40 ans. Pour montrer à sa maîtresse Diane de Poitiers qu'il reste vigoureux et gaillard, il descend donc dans la lice en portant les couleurs de sa belle (le noir et le blanc). Démontrer ainsi sa force et sa vaillance est aussi un moyen d'en imposer à la cour et aux seigneurs du royaume et d'ailleurs.

Après deux passages, contre le duc de Savoie et le duc de Guise, le roi reste sur une victoire et un match nul. Mais Henri II veut quitter la lice sur un résultat incontestable.

Son nouvel adversaire est Gabriel de Montgommery, le capitaine de sa garde écossaise. Jeune et pas très disposé à affronter le roi, il doit pourtant s'y résoudre. Lors du premier passage, les deux lances se brisent. Le roi vacille, mais il tient. Malgré les craintes et mises en garde de son entourage, il exige de recommencer. Mais lors de la seconde confrontation, la lance de Montgommery glisse sur l'armure du roi et le frappe à la tête ! Des éclats se sont insérés sous la visière de son heaume. C'est le choc et la consternation dans les tribunes. Le tournoi s'arrête, on porte le roi blessé dans l'hôtel voisin des Tournelles. Quand on retire son casque, des flots de sang jaillissent. Ambroise Paré, le meilleur médecin de l'époque, est appelé à la rescousse, mais il ne peut que s'avouer impuissant face à la blessure : cinq éclats de bois ont pénétré par l'orbite oculaire droite et ressortent au niveau de l'oreille.

On reproduit la blessure sur cinq malheureux condamnés à mort pour s'exercer à retirer les éclats, mais en vain.

Le roi agonise pendant dix jours dans d'atroces souffrances et meurt finalement le 10 juillet 1559. Montgommery, pourtant pardonné de tout par le roi sur son lit de mort, est banni et part pour l'Angleterre.

Mais, comme on dit : le roi est mort, vive le roi... François II ! Un adolescent de 15 ans, à la santé fragile, qui monte sur le trône bien trop tôt, à la faveur de ce malheureux accident. Heureusement, il peut compter sur sa mère, Catherine de Médicis, pour assurer la régence. Et elle ne sera pas de trop tant le jeune François II a hérité d'un royaume en grande difficulté. Défaite par les Habsbourg avec lesquels Henri II a dû signer une paix humiliante, la France, profondément divisée par le développement du protestantisme, est aussi en pleine crise financière. L'argent manque et les dettes sont colossales.

Il faudrait un roi compétent et vigoureux pour redresser une telle situation, mais pas de chance, le destin a fait une belle erreur de casting avec François II.

La nature ayant horreur du vide, un pouvoir royal aussi fragilisé suscite l'appétit des grands du royaume qui entendent bien peser davantage sur les affaires. Et, parmi eux, les Guise, une famille originaire de Lorraine et connue pour son ultracatholicisme. Le duc de Guise et son frère, le cardinal de Lorraine, sont les oncles de Marie Stuart, la reine d'Écosse et surtout la jeune épouse de François II. Grâce à ces liens familiaux, ils exercent un ascendant important sur le roi et parviennent à le convaincre de leur déléguer des pouvoirs considérables.

Ils veulent aussi régler la situation financière très compliquée du royaume. Et, pour cela, ils n'hésitent pas à prendre des mesures très impopulaires – mesures qui, étrangement, épargnent leurs clients et leurs protégés. D'assez peu appréciés, ils en deviennent détestés par tous ceux qui considèrent qu'ils exercent une mauvaise influence en gardant le roi sous leur coupe pour le plus grand malheur de la France.

Par ailleurs, les Guise se montrent implacables face aux protestants, que l'on désigne de plus en plus par le terme, au départ péjoratif, de « huguenots ».

Ces derniers se sentent menacés, et à juste titre ! Prenez Anne du Bourg, un jeune conseiller au parlement de Paris. Il avait eu le courage, ou plutôt la témérité, de critiquer la justice royale en présence d'Henri II ! Il avait plaidé la cause des protestants et incité à la clémence dans un discours qui lui avait valu, en réponse, d'être envoyé en prison. Le bête accident mortel du monarque pouvait lui faire espérer un temps d'être libéré. Mais les Guise le font pendre en place de Grève avant de l'envoyer brûler sur le bûcher comme hérétique. À cela s'ajoutent d'autres mesures de plus en plus sévères comme la destruction systématique de tout lieu ayant accueilli un culte qui n'est pas autorisé – sous-entendu, un culte protestant.

Cette extrême rigueur catholique ne freine pourtant pas la progression de la foi protestante dans la population. Et même si le calvinisme reste minoritaire, il se propage rapidement puisqu'un tiers de la noblesse s'y convertit, et ce, jusqu'aux plus hauts niveaux de la société.

Ainsi les propres cousins du roi, Antoine de Bourbon qui est roi de Navarre et son frère Louis, le premier prince de Condé, sont protestants. La régente Catherine de Médicis est consciente du caractère explosif de la situation et veut éviter à tout prix les déchirements qui s'annoncent. Elle cherche à apaiser et à trouver une solution conciliante.

Le 8 mars 1560, elle impose ainsi un pardon général pour tous ceux qui ont été impliqués dans des affaires d'hérésie, c'est-à-dire, selon un point de vue catholique, les huguenots. Les prisonniers doivent aussi être libérés. Mais cela paraît trop timide encore aux yeux des protestants qui, regroupés autour des princes du sang (les héritiers du trône en quelque sorte), veulent protéger le jeune roi de l'influence des Guise. Afin de mieux le contrôler de leur côté évidemment !

Comme on le voit, ce n'est pas qu'une question religieuse : la foi rejoint ici des intérêts politiques et les factions qui se mettent en place s'appuient autant sur la volonté de protéger leurs coreligionnaires que sur des ambitions personnelles.

À cela s'ajoute contre les Guise la colère d'une partie des troupes et des fonctionnaires royaux qui ne sont plus payés depuis des mois et même, pour beaucoup, renvoyés du fait de la grave crise financière de la monarchie.

Cette coalition de « malcontents », qui se constitue donc sur des enjeux religieux et politiques, forme ainsi un « parti », comme on disait alors.

Et justement, ce parti protestant est partagé entre ceux qui veulent une action forte et rapide contre les Guise et ceux, plus modérés, qui préfèrent négocier à la recherche d'un compromis. Le réformateur Jean Calvin se montre lui-même défavorable à tout complot violent. Et il est suivi par la plupart des Églises réformées. Ça ne plaît pas du tout aux huguenots plus provinciaux qui, inquiets pour leur sort, enragent de ne pouvoir agir et trouvent bien tièdes leurs responsables. Ils montent donc de leur côté un projet secret visant à se débarrasser des Guise.

Les princes du sang, informés du complot, ne veulent pas mettre en péril leur position à la cour, mais ne sont pas contre une action tant qu'elle ne les implique pas directement.

En réalité, on pense que le vrai donneur d'ordre, et donc l'organisateur du complot, n'est autre que le prince de Condé. Dans les messages secrets qui sont échangés parmi les conspirateurs, il est probablement celui qui est désigné par l'expression « le capitaine muet ».

Mais pourquoi ? Quel est le projet de ce chef et de ses soutiens à la cour ?

Tout simplement d'enlever le jeune roi François II afin de le soustraire aux Guise. On le gardera ensuite en sûreté et on lui suggérera, sous la menace d'une arme si nécessaire, d'établir une totale liberté de conscience. Ensuite et assez vite, on le placera sous la tutelle d'Antoine de Bourbon qui deviendra régent du royaume. Ou s'il préfère son autre cousin, sous l'autorité du prince de Condé.

En résumé, on enlève le roi pour son bien et surtout celui du royaume !

Inquiétée par le conflit religieux qui couve et des rumeurs menaçantes de complot, la cour décide de se réfugier dans le château d'Amboise, une place forte plus facile à défendre.

C'est donc le lieu où se déroulera l'opération. Un jeune homme protestant du Périgord, Jean du Barry, seigneur de La Renaudie, en prend la tête. Il a de bonnes raisons d'en vouloir aux Guise puisqu'ils ont fait exécuter son beau-frère.

La Renaudie est chargé de recruter des hommes et des armes et il parvient à rallier surtout des petits seigneurs protestants. De toutes les communautés calvinistes, seule celle de Provence s'implique vraiment dans le complot en envoyant deux mille soldats. Les autres se laissent séduire par les sommes d'argent promises.

Tout ce beau monde se réunit le 1er février 1560 dans les forêts nantaises afin d'organiser les opérations. On découvre ainsi la petite force armée qui s'est constituée pour enlever le roi. Emportés par leur fougue, les rebelles voient même dans cette assemblée forestière l'ébauche des futurs états généraux du royaume.

Mais une telle concentration de forces n'est pas très discrète et François de Guise, déjà méfiant de nature face aux protestants, finit par avoir vent du complot.

Sur la route d'Amboise, il reçoit la visite d'un avocat parisien qui leur apprend que sa maison a servi de base aux comploteurs. Bien que protestant lui-même, il a été choqué par ce projet contre le roi et, pour alléger sa conscience (et alourdir ses finances grâce à la récompense de dix mille livres), il raconte tout ce qu'il sait. Et souffle notamment le nom du chef de la conspiration, le seigneur de La Renaudie.

Convaincu que la meilleure défense, c'est l'attaque, François de Guise frappe le premier. À la mi-mars, il lance de premières arrestations dans les bois autour d'Amboise. La cavalerie des Guise capture largement tous ceux qui sont liés de près ou de loin au complot, simples paysans, soldats en armes et même seigneurs comme le baron de Castelnau qui se barricade avec ses troupes dans le château de Noizay avant de finalement se rendre. Contrairement à la promesse faite de leur laisser la vie sauve, les Guise en font pendre la plupart.

La chasse à l'homme continue dans les champs et dans les bois.

Le 15 mars, c'est pourtant la panique au château royal. Deux cents cavaliers ont été vus à proximité portant des écharpes blanches, le symbole de la pureté protestante. Il s'agit là de la grosse partie de ceux qui ont échappé aux arrestations massives.

Des combats s'engagent dans les faubourgs du château, mais c'est un échec pour les assaillants qui sont repoussés. La cause est perdue pour les hommes de La Renaudie. Mais celui-ci ne désarme pas et des combats continuent contre les cavaliers des Guise envoyés à sa poursuite.

Celui qui conduit la traque n'est autre que le propre cousin de La Renaudie, le chevalier de Pardaillan. Les deux hommes se retrouvent finalement près de Château-Renault et s'attaquent, heaumes fermés et donc sans se reconnaître. La Renaudie commence par tuer son cousin avant que l'un des hommes du chevalier ne l'abatte d'un coup d'arquebuse.

Les Guise réservent un sort post mortem bien particulier au chef du complot. Considéré comme régicide, il est écartelé et les cinq morceaux de son corps sont dispersés à Amboise avec sa tête plantée sur la pointe d'une lance au début du pont.

Tous les autres comploteurs sont tués sur place ou amenés au château d'Amboise. Si certains de ces prisonniers sont massacrés au pied du château, François de Guise veut faire un exemple avec les autres. En public et en présence du roi, de sa mère, mais aussi du prince de Condé qui a senti à temps le vent tourner, ils sont ainsi pendus les uns à côté des autres sur les créneaux du château, face à la Loire. Les magnifiques balustrades Renaissance deviennent les « balcons des pendus ». Pendant ce temps-là, en contrebas, on coupe la tête d'autres prisonniers pour les placer au bout de piques. Les Guise ont effectivement des goûts étranges en matière de décoration.

Face au nombre d'exécutions, les bourreaux commencent même à manquer. Pour accélérer les choses, on attache les pieds et les mains des prisonniers et on les jette directement à la Loire qui se couvre rapidement de cadavres. Pendant plusieurs jours, des corps flottent à la surface. Au total, on exécute par tous les moyens possibles jusqu'à 1 500 prisonniers (même si ce chiffre reste difficile à confirmer). Ce terrible bilan choque des contemporains aristocratiques, non pas à cause du nombre mais de la manière. Rendez-vous compte ! Des nobles ont été exécutés sommairement, pendus et même jetés dans la Loire !

Ce massacre ne remet pas en cause la volonté de conciliation de Catherine de Médicis. Deux mois plus tard, elle nomme comme chancelier de France le sage et prudent Michel de L'Hospital. Ils obtiennent l'édit de Romorantin qui refuse l'Inquisition, transfère les crimes d'hérésie aux seuls tribunaux ecclésiastiques qui n'ont pas le droit de condamner à mort et accorde finalement la liberté de conscience à ceux qui ne menacent pas l'ordre public.

En clair, tant qu'on n'est pas séditieux, on peut mener une vie tranquille selon la confession de son choix.

Les deux factions, protestante et catholique, signent ensuite la paix d'Amboise en 1563. Mais tous ces efforts de coexistence sont fragiles tant les haines se renforcent après chaque violence.

De lourds soupçons pèsent aussi sur le prince de Condé. Les Guise pensent, comme nous l'avons dit, qu'il est le « capitaine muet ». Faute d'en réunir les preuves même après avoir fouillé ses appartements, ils l'assignent à demeure à la cour. De plus en plus suspect, il est finalement jugé en novembre et jeté en prison. Heureusement pour lui, la mort de François II et surtout l'avènement de Charles IX lui permettent de sortir de geôle. La régente Catherine de Médicis a en effet besoin de lui pour faire contrepoids aux Guise. Il revient à la cour et, par la suite, complote aussi régulièrement qu'il prend les armes contre le roi.

Est-ce à cause du souvenir de ce « tumulte d'Amboise », du spectacle sanglant des pendus ou de l'odeur atroce du bain de sang ? Toujours est-il que jamais plus par la suite la famille royale ne reviendra au château d'Amboise.

10.

La conspiration des poudres : les catholiques font des étincelles… ou pas !

Londres, 1605

La famille Stuart est vraiment pittoresque. Prenez Jacques Ier par exemple. Il est le fils de la pauvre reine d'Écosse Marie Stuart, qui a fini décapitée sur ordre de sa cousine Élisabeth Ire d'Angleterre.

Marie était une vraie catholique et pourtant son fils, devenu roi d'Écosse à l'âge d'un an après l'abdication forcée de sa mère, est élevé par des protestants calvinistes rigoristes.

Élisabeth Ire est souffrante depuis 1601 et surtout, elle n'a pas d'héritier. Son principal ministre, Robert Cecil, envisage alors de confier le trône à Jacques Stuart qui est le plus proche parent de la souveraine (soyons précis, il est le fils de sa cousine).

Devenu roi d'Angleterre et d'Écosse en 1603, Jacques Ier est plutôt bien vu des catholiques au début de son règne. Ils s'imaginent qu'en souvenir de Marie Stuart, son fils se montrera bienveillant et tolérant.

Malheureusement pour eux, ça sera tout le contraire et il opprime les catholiques, ce qui n'est pas vraiment original en Angleterre. Déjà, Élisabeth se méfiait beaucoup de ces « papistes » qu'elle soupçonnait, à tort ou à raison, d'être des alliés du roi d'Espagne, l'ennemi d'alors. Et logiquement, elle les avait persécutés. Mais Jacques Ier, son successeur, va encore plus loin.

Après avoir louvoyé dans sa politique étrangère en négociant sans succès avec l'Espagne, il devient suspect de sympathie papiste. Il doit donc rassurer le Parlement ainsi que le clergé anglican en prouvant la sincérité de sa foi protestante. En février 1604, il annonce publiquement sa détestation du papisme. Il prend dans la foulée des mesures contre les Jésuites et, pour faire bonne mesure, multiplie les interdictions contre les catholiques. Ceux-ci qui étaient déjà largement discriminés, n'ont désormais plus le droit de célébrer la messe et doivent au contraire, sous peine d'amende, assister aux offices anglicans. À vrai dire, cela ne concerne plus grand monde puisqu'ils ne sont plus très nombreux dans la population mais on y compte encore certains lords et des gens influents de la cour.

C'est que cette question religieuse, comme souvent, est aussi politique. Jacques Ier veut absolument unir son pays. Et ça passe obligatoirement par la religion que le roi veut être la même pour tous ses sujets. C'est aussi pour lui un moyen de s'affirmer comme roi et donc comme chef de l'Église. Et pour cela, il faut lutter contre tous les « dissidents » religieux, comme on disait alors. Les catholiques au premier chef mais aussi d'autres groupes protestants qui ne sont pas anglicans, comme les puritains. La plupart d'entre eux attendent des jours meilleurs ou pour ceux qui le peuvent, émigrent vers le Nouveau Monde. Les catholiques ont, quant à eux, bien compris qu'il n'y avait finalement rien à attendre de ce souverain. Et c'est particulièrement le cas pour la *gentry*, la petite noblesse sans titres du royaume. Certains de ses membres envisagent alors une solution radicale : se débarrasser de Jacques Ier et, tant qu'à faire, du parlement anglais par la même occasion.

Et pour cela, ils ont un plan : tout faire sauter ! Simple, basique.

Un jour est idéal pour cet assassinat de masse : l'ouverture de la nouvelle session du Parlement. C'est un moment solennel et protocolaire. Le roi arrive en grande pompe dans la Chambre des lords pour y faire un discours annonçant sa politique. C'est le fameux « *King in Parliament* ». À cette occasion, tout le gratin politique anglais est réuni dans un même lieu.

Une fois le roi mort, on envisage de soulever les Midlands, une région au centre du pays, avant d'installer la princesse Élisabeth, la fille du roi alors âgée de 9 ans, sur le trône d'un royaume redevenu forcément catholique. Il n'y aurait alors plus grand monde pour s'y opposer puisque la majeure partie de la cour et tous les dignitaires du royaume auraient péri dans l'explosion.

Le cerveau de ce complot machiavélique s'appelle Robert Catesby. Il a une longue expérience d'opposant et de conspirateur. Et c'est de famille ! Son père a été emprisonné pour avoir caché un prêtre catholique lors d'une persécution. Lui-même catholique fervent, il a préféré arrêter ses études à Cambridge plutôt que prêter un serment de fidélité à un roi chef de l'Église anglicane. Cette pratique faisait partie des multiples vexations imposées aux papistes.

Bref, il déteste la couronne anglaise. C'est donc une forte tête et la prison ne lui fait pas peur. Il l'a même connue par deux fois pour avoir participé à des soulèvements anti-anglicans. En 1601, il sauve sa vie en versant une forte amende. Mais cette fois, pense-t-il, c'est la bonne !

Catesby évoque la conspiration auprès de proches qu'il parvient à convaincre comme son cousin Robert Wintour, Thomas, le demi-frère de celui-ci mais aussi un dénommé Thomas Percy et son serviteur, Thomas Bates. Dans le groupe se trouve aussi John Wright, un comploteur que Catesby a connu en prison.

Mais l'homme le plus célèbre de la conspiration est un certain Guy Fawkes. Celui-ci présente trois avantages pour cette opération : il a accès à la cour, il n'est pas connu comme un agitateur catholique contrairement à ses acolytes, peut donc passer incognito et, surtout, c'est un soldat qui a combattu en Flandre. Or, il est toujours utile d'avoir un soldat quand il faut utiliser des armes et faire parler la poudre. Et de la poudre, il va en manier beaucoup : 670 kilos, soit 36 barils, qu'on stocke d'abord dans une maison louée par l'un des conspirateurs. Ceux-ci commencent par creuser un tunnel en direction du palais de Westminster avant de s'apercevoir qu'il est beaucoup plus simple qu'ils ne l'avaient imaginé de louer une cave à charbon vide, située directement sous la Chambre des lords.

Pendant quatre mois, ils transfèrent donc de nuit tous les barils et les entreposent directement dans la cave, en les cachant sous un tas de bois.

Même si une partie s'est gâtée avec l'humidité, avec la quantité stockée, il reste de quoi faire exploser la Chambre des lords et tout le bâtiment !

Fawkes, qui connaît bien la poudre, en a même doublé par précaution la quantité nécessaire. Et pour être bien certain de tout détruire, il a fait ajouter des centaines de barres métalliques aux barils. On ne fait pas les choses à moitié dans ce complot !

Mais l'explosion doit attendre. Les menaces de peste décalent à plusieurs reprises l'ouverture du Parlement, finalement prévue le 5 novembre 1605. Et là, certains des conspirateurs ont subitement des doutes : des lords catholiques pourraient être tués dans l'explosion.

Pris de remords, le propre cousin de Catesby, un dénommé Francis Tresham, envoie le 26 octobre une lettre anonyme à son beau-frère, le catholique baron Monteagle. Le message qu'il contient est très mystérieux : « Ils recevront un grand choc au Parlement, et pourtant ils ne verront pas qui les blesse. » On ne sait pas comment Monteagle a réagi à la lecture mais une chose est sûre, pour lui, la fidélité au souverain est plus importante que la cause religieuse. Il juge la menace suffisamment crédible pour transmettre le courrier au comte de Salisbury, le secrétaire d'État chargé de la sécurité de l'État. Celui-ci le montre ensuite au roi le 1er novembre.

Jacques Ier, par son enfance difficile, a une longue expérience des complots et des tentatives d'assassinat. Prudent de nature, certains diraient même paranoïaque, il porte des vêtements rembourrés pour se protéger d'une éventuelle attaque au couteau. Il prend donc très au sérieux toute cette affaire mais décide de laisser faire l'opération afin de confondre plus facilement tous les conspirateurs. Pour éviter tout de même le feu d'artifice promis, Thomas Howard, le lord chambellan et son proche conseiller, lui promettent de faire fouiller le Parlement « au-dessus comme au-dessous ».

Les conspirateurs ont eu vent du courrier anonyme. Ils suspectent même – et à juste titre ! – Tresham de l'avoir envoyé. Mais vu que personne ne vient les arrêter, ils relâchent leur vigilance. Visiblement, la lettre a été mise au panier ou considérée comme une mauvaise blague. Tout paraît donc se dérouler au mieux et le groupe de conspirateurs part pour les Midlands en laissant Fawkes et Tresham allumer la mèche.

Le roi se décide alors à agir. Il ordonne une première fouille des caves dans l'après-midi du 4 novembre, la veille du discours. Les hommes chargés de cette opération découvrent dans une des caves à charbon un tas de bois de chauffage, étrangement gardé par un homme qui prétend s'appeler « John Johnson ». Pas plus surpris que ça, ils ne fouillent pas davantage et retournent faire leur rapport au roi. Celui-ci, furieux de leur manque de vigilance, leur ordonne d'y retourner avec tout un groupe de soldats.

Dans la nuit du 4 au 5 novembre 1605, le temps est humide et la brume recouvre la Tamise et ses abords. Guy Fawkes, enveloppé dans un manteau sombre, se faufile dans les rues de Westminster jusqu'à la cave située sous le Parlement. Une lanterne à la main, il s'apprête à inspecter les tonneaux de poudre, tous prêts pour l'ultime explosion.

Mais les hommes du roi qui viennent d'arriver devant la cave le découvrent encore dans le coin. Intrigués par sa présence et par sa tenue discrète, ils exigent qu'il ouvre de nouveau la cave. La fouille est plus minutieuse et rapidement, les barils de poudre apparaissent sous le bois. Fawkes est aussitôt arrêté et fouillé. Outre une montre à gousset et une lanterne, on trouve sur lui tout le nécessaire pour mettre le feu : un fil à combustion lente pour la mèche et surtout de l'amadou pour l'allumer.

On le conduit le lendemain devant le roi où il reconnaît tout mais prétend avoir agi seul. Pour le faire parler, il est transféré à la Tour de Londres et confié aux bons soins de Sir William Wade, le lieutenant de la Tour, réputé pour être s'y connaître en tortures diverses.

Pendant dix jours, Fawkes subit les pires supplices jusqu'à finir sur un chevalet qui étire ses membres et arrache les ligaments de ses os. À bout de forces, il avoue le nom de ses complices. Ils sont donc arrêtés et torturés à leur tour. Maintenant qu'ils ont avoué leurs méfaits, il reste à les condamner. Une rude journée les attend.

Le 31 janvier 1606, on commence par les traîner par les pieds les uns après les autres derrière des chevaux lancés au galop dans les rues londoniennes. La suite est plus terrible encore. Ils sont pendus et relâchés juste avant de mourir. Ils sont détachés pour mieux les castrer, les éviscérer et finalement les décapiter. Une fois morts, leur calvaire ne s'arrête pas pour autant : leurs cadavres sont démembrés et les morceaux, placés dans différents lieux du pays afin de servir d'exemple. Un châtiment terrible réservé aux coupables de haute trahison contre la Couronne.

Malgré les tortures qu'il a déjà subies, Fawkes réussit à sauter de l'échafaud et se brise le cou. Il meurt aussitôt, ce qui lui évite de son vivant les autres réjouissances qu'on lui promettait. Elles sont tout de même appliquées à son cadavre.

Reste à mettre la main sur l'organisateur du complot, Catesby lui-même.

Il s'est réfugié avec ses derniers partisans dans les Midlands, dans un manoir nommé Holbeche House. Il leur reste de la poudre mais elle a pris l'humidité. Ils ont donc la brillante idée de la faire sécher devant la cheminée. Évidemment, elle explose et brûle grièvement la plupart des conspirateurs. Face à la répression qui s'annonce, certains décident de fuir mais ceux qui restent sont rapidement encerclés le 8 novembre par le shérif de Worcester et ses soldats.

Catesby meurt les armes à la main lors de l'assaut. Son corps est toutefois exhumé et décapité et on plante sa tête sur une pique devant la Chambre des lords.

Ce complot raté va en tout cas accentuer les préjugés des Anglais contre les catholiques tous considérés comme des terroristes en puissance. Leur situation ne fait que de se dégrader par la suite avec des lois encore plus discriminatoires.

Cette affaire aurait pu en rester là, mais elle va connaître ensuite une grande postérité puisque Shakespeare s'en inspire pour écrire *Macbeth*.

La conspiration ratée crée aussi une tradition. Tous les 5 novembre, lors de la *Bonfire Night* (Nuit des feux de joie) ou *Guy Fawkes' Night* (Nuit de Guy Fawkes), les caves de Westminster sont inspectées à la recherche de barils de poudre éventuels. Des feux d'artifice sont lancés dans le pays et les enfants font exploser des pétards. Des effigies en carton de Guy Fawkes sont aussi brûlées publiquement.

Enfin, le film *V pour Vendetta* réalisé en 2006 et inspiré d'une bande dessinée d'Alan Moore des années 1980 et 1990 reprend ce projet de faire exploser le parlement de Londres. Et devinez qui retrouve-t-on sur le masque du personnage principal ? Guy Fawkes. Une idée du dessinateur David Lloyd qui s'est souvenu des masques portés par les enfants lors de la *Bonfire Night*. On le retrouve également comme symbole des Anonymous, pour protéger leur identité.

Rebelle un jour, rebelle toujours, Guy Fawkes aura surtout fait des étincelles après sa mort !

11.

La conspiration de Cinq-Mars ou comploter par dépit

France, 1642

Depuis qu'il est devenu le principal ministre de Louis XIII en 1624, le cardinal de Richelieu collectionne les ennemis.

C'est assez compréhensible quand on lit son programme, résumé dans son *Testament politique* : « Ruiner le parti huguenot, rabaisser l'orgueil des grands, réduire tous [les sujets du roi] en leurs devoirs et relever son nom dans les nations étrangères au point où il devait être. » Entre les protestants auxquels il mène une guerre sans relâche pour leur enlever places de sûreté et influence politique, les aristocrates qu'il veut soumettre au pouvoir du roi, les sujets qu'il accable d'impôts et les puissances étrangères avec lesquelles la France est en conflit, ça fait du monde. Sa période de gouvernement auprès de Louis XIII est donc une longue suite de complots et de tentatives d'assassinat. Mais à chaque fois, la confiance du roi et un excellent réseau d'espions l'ont protégé. Soixante mousquetaires comme garde personnelle y sont aussi sûrement pour quelque chose, au moins pour décourager les assassins.

Après dix-huit ans à ce régime, il a développé une grande acuité à détecter toute menace. Il regarde de près les fréquentations de Louis XIII et, le cas échéant, n'hésite pas à lui recommander des gens de confiance.

Il pousse ainsi un jeune homme, Henri Coëffier de Ruzé d'Effiat, marquis de Cinq-Mars, en espérant qu'il devienne son favori. Il a bien connu son père, grand maître de l'artillerie, surintendant des Finances et maréchal de France. Jusqu'à sa mort précoce en 1632, Antoine Coëffier de Ruzé d'Effiat était l'ami de Richelieu. Celui-ci prend donc soin de son fils, devenu orphelin, en lui offrant à 15 ans un commandement dans le régiment des gardes. Toujours en souvenir de son père, Richelieu le fait nommer en mars 1638 grand maître de la Garde-robe du roi, une fonction aussi précieuse pour la proximité qu'elle donne avec le souverain que pénible, quand il faut subir l'humeur d'un Louis XIII soupe-au-lait et parfois sinistre.

Les débuts de leur relation sont d'ailleurs compliqués. Alors que le jeune homme présente de magnifiques vêtements au roi, celui-ci préfère conserver ses tenues austères et lui reproche cette excentricité vestimentaire.

Il faudra une longue année pour que Louis XIII se mette à apprécier vraiment Cinq-Mars. Il commence à parler un peu plus souvent de lui et bientôt ne peut tout simplement plus s'en passer : « Jamais le roi n'a eu de passion plus violente pour personne que pour lui », constate ainsi un ministre.

En septembre 1639, il est évident pour tous que le roi a un nouveau favori. À tel point que Cinq-Mars accumule les honneurs et charges jusqu'à devenir Grand Écuyer, un titre très prestigieux à la cour. On doit l'appeler désormais « Monsieur le Grand » alors qu'il n'a que 19 ans !

Tout semble aller au mieux mais rapidement, Cinq-Mars devient trop sûr de lui et surtout, ses nouvelles charges lui pèsent. D'autant que si le roi l'apprécie beaucoup, l'inverse est moins vrai. À sa décharge, Louis XIII a un caractère difficile et le jeune Cinq-Mars a plus envie de faire la fête et de mener une vie délurée. Comme l'écrit un auteur de l'époque, « le roi aimait tout ce que M. le Grand haïssait [et] M. le Grand haïssait tout ce que le roi aimait ».

La passion royale pour la chasse, et notamment celle au vol, ennuie profondément Cinq-Mars qui préfère de loin les plaisirs de la ville. Louis XIII, critique sur les tenues des courtisans, apprécie mal les accoutrements recherchés de son favori. Il ne manque pas non plus une occasion de le sermonner pour ses nombreuses maîtresses et pour ses habitudes dans le milieu libertin du quartier du marais. Le roi apprécie tellement son favori qu'il l'exige jour et nuit auprès de lui tandis que celui-ci ne rêve que de se distraire au milieu de la cour.

Cinq-Mars, volontiers provocateur, se montre aussi régulièrement insolent. Si la reine Anne d'Autriche lui passe tout, le cardinal de Richelieu tente de jouer l'arbitre et cherche à apaiser la colère du roi tout en recadrant son favori.

Les nombreuses querelles se concluent par d'étranges documents de réconciliation, dignes de véritables traités diplomatiques comme celui-ci : « Nous, ci-dessous signés, certifions à qui il appartiendra être très contents et satisfaits l'un de l'autre et n'avoir jamais été en si parfaite intelligence que nous sommes à présent. En foi de quoi nous avons signé le présent certificat : Louis. Par mon commandement : Effiat de Cinq-Mars. Fait à Saint-Germain, le 26 novembre 1639. »

Une chose est sûre, le roi tient énormément à lui et davantage qu'à aucun de ses anciens favoris. Richelieu reste quant à lui longtemps conciliant envers son protégé, écrivant pour apaiser le roi qu'il est « impossible d'être jeune et tout à fait sage ». Mais lui aussi finit par se lasser des incartades de Cinq-Mars.

C'est finalement l'orgueil de ce dernier qui le pousse à en demander trop.

Il tombe en effet sous le charme de la princesse de Mantoue, Marie de Gonzague-Nevers, l'une des plus riches fortunes du royaume et d'un rang beaucoup plus élevé que le sien. Cinq-Mars, qui pense pouvoir obtenir tout ce qu'il veut, réclame donc à Richelieu un titre de duc qui lui permettrait d'épouser la princesse. Et, assez logiquement, le cardinal refuse. Lors d'une nouvelle querelle avec le jeune orgueilleux, il s'emporte et s'étonne que la princesse ait tellement oublié son rang « qu'elle voulût s'abaisser à si petit compagnon ». Il y a trop d'écarts entre eux en rangs nobiliaires et il est hors de question de faire de Cinq-Mars un prince !

Richelieu s'emploie désormais à refuser toutes ses demandes. Cinq-Mars n'obtient ni le château de Chantilly ni le gouvernement de Verdun et encore moins le commandement militaire au siège d'Arras. S'il parvient à force de manœuvres auprès du roi à assister au grand conseil, le cardinal finit par lui en refuser sèchement l'entrée.

Pour Cinq-Mars, la déception est totale et ce refus le pousse à s'opposer à Richelieu à qui il voue désormais une haine féroce.

Tout ce qui complote à la cour se rapproche donc du favori. On retrouve ainsi « Monsieur », *alias* Gaston d'Orléans, le frère du roi qui ne cesse de conspirer contre lui, le duc de Bouillon impliqué dans un précédent complot contre le cardinal, le marquis de Fontrailles et l'ami d'enfance de Cinq-Mars, François-Auguste de Thou, un jeune conseiller au Parlement et proche de la reine Anne d'Autriche. Une belle brochette d'opposants à Richelieu qui veulent sa perte.

Fontrailles, par exemple. Bossu, ancien protestant converti au catholicisme, il n'a pas grand-chose pour plaire au cardinal. Celui-ci l'a d'ailleurs rudoyé publiquement à l'arrivée d'un diplomate : « Rangez-vous, monsieur de Fontrailles, ne vous montrez point ! Cet ambassadeur n'aime pas les monstres. » Depuis, allez savoir pourquoi, il voue une haine féroce à Richelieu. Il a participé déjà à une tentative d'assassinat contre lui six ans auparavant qui a fini en fiasco total. Mais il entend bien réussir cette fois-ci.

Il ne faut pas perdre de vue qu'à l'époque, la France est engagée dans la Guerre de Trente Ans. Alliée à la Suède et aux princes allemands, elle combat l'Espagne et le Saint-Empire. Le complot peut donc être aidé en sous-main par la reine Anne d'Autriche (espagnole d'origine) et le marquis de Fontrailles négocie par ailleurs avec Philippe IV d'Espagne. En contrepartie d'une aide militaire espagnole pour assurer le succès de la conjuration (12 000 fantassins et 6 000 cavaliers tout de même), Gaston d'Orléans s'engage à signer la paix et à abandonner les alliances existantes, notamment avec les puissances protestantes. Un traité est signé à Madrid en mars 1642 et des forces espagnoles sont massées à Sedan, prêtes à intervenir.

Alors que la cour se trouve à Lyon, les comploteurs ont prévu de s'emparer de Richelieu et de le tuer. Cinq-Mars a des scrupules. Il ne souhaite pas aller aussi loin. Écarter le cardinal des affaires, obtenir sa disgrâce et son exil lui suffirait amplement. Alors que la santé de Richelieu décline, le favori est quant à lui au sommet de sa gloire. Il donne le ton à la Cour. On assiste à son lever et on lui dédie des poèmes.

Richelieu n'est pas dupe. Ses espions l'informent de tout et, en particulier, des tensions grandissantes entre le roi et son favori. Ce dernier ne cesse de demander le renvoi du cardinal. « Tout beau, n'allez pas si vite ! » le freine Louis XIII. Lorsque Cinq-Mars critique des maréchaux, le roi lui reproche, à lui qui n'a rien vu, de s'en prendre à des hommes d'expérience.

Arrive le jour prévu de l'enlèvement. Le cardinal est alors à Lyon. Quand Cinq-Mars s'approche de lui, Richelieu est en présence de son capitaine des gardes. Le marquis n'ose pas agir. Peu après, une de ses lettres contenant le traité avec l'Espagne est interceptée par la police du cardinal. Celui-ci apprend les détails du complot qui se trame. Amer, Louis XIII découvre à son tour le pot aux roses. Trahi par son favori ! Il s'agit selon lui du « plus grand scélérat et du plus grand traître qui ait jamais été ».

Tous les conspirateurs sont arrêtés les uns après les autres à la mi-juin.

Mais l'amitié du roi va-t-elle sauver son favori ? Richelieu se méfie, un revirement de situation est possible. Pour faire le point sur la campagne militaire en cours, le roi et le cardinal se retrouvent à Tarascon, aussi malades l'un que l'autre. Leurs deux lits sont installés l'un à côté de l'autre et alités, ils se parlent pendant quatre heures. Richelieu, un peu plus en forme, obtient les pleins pouvoirs pour finir la campagne militaire dans le Roussillon alors que le roi rentre à Paris.

Pour ce qui est du complot, la justice royale va s'abattre. Impitoyable.

Gaston d'Orléans, pour sauver sa peau et obtenir le pardon du roi, avoue tout et dénonce ses complices. S'il est laissé libre, il perd tous ses droits à la régence du futur Louis XIV.

Bouillon est libéré mais doit céder ses principautés de Sedan et Raucourt au royaume.

Fontrailles, informé à temps de l'échec du complot, s'enfuit en Angleterre.

Le sort est plus cruel pour les autres comploteurs, dont de Thou et surtout Cinq-Mars. Jugés à Lyon, ils sont condamnés à mort pour crime de lèse-majesté.

Comme les condamnés sont issus de la noblesse, on ne les conduit pas en charrette au lieu d'exécution mais en carrosse. Avec cinq cents gardes officiellement pour les escorter mais surtout pour s'assurer qu'ils ne cherchent pas à s'évader et éviter toute tentative d'intervention de la part de partisans. Une foule énorme s'est massée sur la grande place de Lyon pour le supplice, à la fois pour profiter du spectacle, mais aussi parce que Cinq-Mars, âgé de 22 ans, est très populaire. Tout autour de la place, 1 200 soldats sont présents pour s'assurer que l'exécution aura bien lieu. En revanche, le bourreau professionnel s'étant cassé la jambe, c'est un boucher qui est appelé en remplacement.

Et le métier de bourreau, ça ne s'improvise pas ! L'exécution est par conséquent le reflet de celui qui la pratique : une vraie boucherie. Plusieurs coups d'épée sont nécessaires pour séparer la tête du corps.

Toute la famille de Cinq-Mars subit enfin les foudres royales. La mère est exilée en Touraine, le frère perd ses bénéfices d'abbé et le château de famille est rasé « à hauteur d'infamie », c'est-à-dire à hauteur des yeux pour rappeler à tous ce qu'il en coûte de s'opposer au roi.

Le cardinal de Richelieu, très malade, ne survit que quatre mois à ce dernier complot et le roi Louis XIII le suit dans la mort cinq mois plus tard.

Finalement, Cinq-Mars aurait gagné à patienter un peu.

12.

« L'affaire des poisons » : psychose à la cour du Roi-Soleil

France, 1679-1682

Le poison est une arme d'une banalité redoutable pour éliminer quelqu'un. On l'a utilisé depuis la nuit des temps, dès qu'on a découvert une fleur, une herbe ou un champignon capables de faire passer de vie à trépas.

Et à certains moments de l'Histoire, allez savoir pourquoi, il y a des vagues d'empoisonnements. Comme l'écrit le mémorialiste Saint-Simon au XVIIe siècle, « il semble qu'il y ait [...] des modes de crimes comme d'habits ». Il sait très bien de quoi il parle puisqu'à son époque, celle de Louis XIV, on assiste à de nombreuses morts mystérieuses que l'on attribue au poison.

La première de cette série est la propre belle-sœur du roi, Henriette d'Angleterre. En 1670, elle a 26 ans et plaît beaucoup à Louis XIV. Un soir de juin, après avoir bu un verre d'eau de chicorée, elle est prise de violentes douleurs au côté. Après quelques heures d'agonie, elle succombe.

Rapidement, on soupçonne le poison et on tient même un coupable, le chevalier de Lorraine, le favori TRÈS proche de Monsieur, le frère du roi et le mari de la défunte. Celle-ci avait réussi à le faire exiler en Italie et il lui en voulait énormément.

Lors de l'oraison funèbre d'Henriette d'Angleterre, Bossuet résume la mort soudaine par des mots restés célèbres : « Madame se meurt ! Madame est morte ! »

Désormais, les historiens ne croient pas au poison et penchent beaucoup plus pour un problème d'occlusion intestinale, de péritonite ou de maladie génétique.

Louis XIV, bouleversé par cette disparition et informé des rumeurs d'empoisonnement, ordonne à son lieutenant de police, Gabriel Nicolas de La Reynie, de mener une enquête. Dans toute cette affaire, ce dernier cumule les fonctions de policier et de juge d'instruction, menant les interrogatoires et procédant aux arrestations.

Après l'autopsie de la pauvre Henriette, le poison est en tout cas exclu et on privilégie l'hypothèse d'une mort naturelle.

Mais qelques années plus tard, une mort mystérieuse relance la psychose.

Le 31 juillet 1672, des créanciers retrouvent à son domicile le cadavre de celui qui leur devait beaucoup d'argent, Jean-Baptiste Godin de Sainte-Croix. Sa mort semble naturelle, mais intrigue tout de même. Un masque de verre brisé au sol indique que le chevalier est mort, asphyxié par des vapeurs toxiques d'un poison qu'il préparait et contre lequel la protection de verre a été inutile. En fouillant son domicile, on trouve plusieurs autres fioles mystérieuses et surtout une cassette contenant des lettres accablantes pour la maîtresse du défunt, la marquise de Brinvilliers. Elle y raconte sa passion pour le poison qu'elle teste sur les pauvres des rues en leur distribuant des biscuits mortels. Elle avoue aussi avoir empoisonné son père et ses deux frères pour accaparer leur héritage. L'importance des décédés, qui étaient conseillers d'État et lieutenants au Châtelet, ainsi que le contenu des fioles, des poisons violents, déclenchent une enquête sur la marquise. Celle-ci, informée de la découverte de la cassette, préfère aller respirer au plus vite le bon air londonien.

C'est en effet plus prudent puisqu'on découvre qu'elle a distribué ses poisons assez généreusement et qu'ils ont été utilisés, notamment contre Colbert ! Le ministre donne alors les pleins pouvoirs au policier La Reynie pour arrêter la marquise en fuite.

Cependant, l'entreprise est compliquée et prend du temps. Faute de mieux, la marquise de Brinvilliers est condamnée à mort par contumace en 1673. Trois ans plus tard, on la retrouve par hasard dans un couvent à Liège. La Reynie envoie alors l'un de ses agents déguisés en prêtre qui, par ruse, réussit à l'extraire et à la ramener en France. Son procès commence le 29 avril 1676 devant le parlement de Paris. Il passionne la capitale et la cour où on ne parle que d'elle. La marquise est condamnée à avoir la tête coupée avant d'être brûlée, ses cendres dispersées par le vent.

Le Tout-Paris se presse à son exécution. La suppliciée impressionne par sa piété et sa dignité. On est à deux doigts d'imaginer que c'est une sainte qu'on exécute ! D'ailleurs, une fois que le bûcher a cessé de brûler place de Grève, certains vont chercher les os calcinés pour en faire des reliques. Madame de Sévigné, qui a assisté à toute la scène, se demande tout de même si c'était une bonne idée d'avoir dispersé ainsi les cendres : « Nous la respirerons, [...] il nous prendra quelque humeur empoisonnante, dont nous serons tous étonnés. »

Effectivement et même si ce n'est pas lié, les rumeurs de poison ne cessent alors de prendre de l'ampleur. Même si la marquise de Brinvilliers n'a rien avoué lors de son procès, La Reynie poursuit son enquête et découvre à Paris tout un réseau de sorcières, d'empoisonneurs, d'avorteuses et d'alchimistes qui achètent des substances toxiques ou douteuses comme de l'arsenic, de l'antimoine, de la bave de crapaud ou du venin de vipère. Tout ce beau monde se croit d'autant plus à l'abri qu'il est impossible à l'époque de détecter la moindre trace de poison sur les cadavres.

Et si le petit peuple n'hésite pas à consulter toutes ces sorcières et devins, c'est aussi le cas de la bonne société. L'aristocratie est alors très friande d'astrologie et totalement fascinée par l'occultisme.

En septembre 1677, quelqu'un dépose dans le confessionnal de l'abbaye des Jésuites de la rue Saint-Antoine un mot anonyme avertissant d'un complot contre le roi utilisant de la « poudre blanche » à disposer « sur la serviette de qui vous savez ». On franchit ici une étape : c'est une affaire très grave et un crime de lèse-majesté. La Reynie, qui est toujours resté méfiant sur ces histoires de poison, lance donc de nouvelles enquêtes. De fil en aiguille, elles parviennent à une certaine Catherine Deshayes, épouse Monvoisin, dite la Voisin.

C'est le gros poisson de ce dossier et elle a été dénoncée par deux autres empoisonneuses auxquelles elle sous-traitait parfois ses services. La Voisin mène grand train, tire des horoscopes et lit l'avenir dans les lignes de la main. C'est aussi une avorteuse et à la demande de ses clients, elle peut leur conseiller les personnes utiles pour faire des sortilèges ou organiser des messes noires. Elle se réserve le poison dont elle est devenue une véritable spécialiste. Étrangement, c'est aussi une bonne chrétienne et on l'arrête donc à la sortie de la messe, le 12 mars 1679, ainsi que la plupart de ses complices.

Et quand on fouille son domicile, on découvre ses carnets avec la liste des clients. Parmi ceux-ci, évidemment, la marquise de Brinvilliers. Mais aussi beaucoup d'autres noms de personnes issues de toutes les conditions sociales. Son interrogatoire le confirme : nous ne sommes plus ici dans le cadre de l'horoscope de la semaine ou des diseuses de bonne aventure. C'est tout un réseau d'empoisonneurs qui sévit à Paris et même auprès de la Cour.

L'ampleur de l'affaire et les noms des clients incitent le roi à créer le 7 avril 1679 une cour extraordinaire de justice, la chambre de l'Arsenal, rapidement surnommée la Chambre ardente parce que des flambeaux sont dressés pour éclairer des salles drapées de noir. Louis XIV exige que soit rendue « une justice exacte, sans aucune distinction de personne, de condition, ni de sexe ». Si le roi croit en Dieu et au diable, il ne croit pas à la sorcellerie. Mais c'est aussi une question de principe : dans une logique d'affirmation de l'absolutisme, il ne peut tolérer un pouvoir occulte concurrent du sien, qu'il a hérité de surcroît d'un droit divin.

Pour mener les débats de la Chambre ardente, douze magistrats de haut rang sont sélectionnés avec soin au sein du parlement de Paris. Le président est Louis Boucherat, futur chancelier du royaume. Le roi a donc choisi des hommes d'expérience, signe du sérieux qu'il donne à cette affaire.

Leur rôle est de juger tout ce réseau de magiciens, de devins, de sorcières, de diseurs de bonne aventure, de faux-monnayeurs et surtout d'empoisonneuses. Louis XIV a été bien échaudé par la publicité autour du procès de la Bainvilliers. Il veut éviter cette fois-ci, au vu du nombre des accusés et surtout des noms de leurs clients, que tout le monde en parle !

Si, au départ, le procès commence sous des formes sérieuses et habituelles, rapidement cela vire au n'importe quoi et à l'ésotérisme le plus total.

On y parle de philtres d'amour, d'avortements, de magie, de divers sortilèges, de profanations d'hosties, de nourrissons sacrifiés lors de messes noires ou de fabrication de fausses monnaies. Et aussi de « poudres de succession » comme on nomme alors le cocktail de poisons (essentiellement à base d'arsenic) chargé d'accélérer, justement, une succession qui tarderait un peu trop à venir.

Les accusés eux-mêmes en rajoutent, exagèrent, se trompent souvent, voire affabulent. Mais leur récit est aussi déroutant qu'inquiétant. On aurait même tenté d'empoisonner le roi, sans qu'on sache vraiment au profit de qui ou de quoi !

Et surtout, les noms pleuvent. Les « devineresses » prétendent en effet avoir travaillé pour certains bourgeois de Paris, mais aussi pour de grandes nobles de Versailles comme les comtesses de Soissons et de Polignac, la duchesse de Bouillon, le maréchal de Luxembourg ou Mme de Vivonne, la belle-sœur de Mme de Montespan et même le poète Racine ! Cette avalanche de noms, en particulier de gens puissants, est peut-être à ce moment-là une stratégie. Les accusés, qui ont pu se concerter en prison, imaginent sûrement que face à de tels noms, la Chambre ardente préférera étouffer l'affaire.

Or, c'est le contraire qui arrive ! Imperturbable, la Chambre continue ses auditions et ses interrogatoires. Et le lieutenant de police La Reynie, afin de ne rien oublier, prend tout en note pour faire son rapport au roi. Mais les preuves manquent et il doit se contenter de témoignages plus ou moins fiables.

Les accusés les plus prestigieux défilent à la barre pour s'expliquer sur leurs rapports avec ces magiciens et sorcières. La comtesse de Soissons (surintendante de la Maison de la reine) et la marquise d'Alluye, trop impliquées, préfèrent s'enfuir. Quant au prestigieux maréchal de Luxembourg, celui qu'on surnomme le « tapissier de Notre-Dame », car ses nombreuses victoires ont recouvert la cathédrale des drapeaux ennemis, il est jeté en prison. Certains aristocrates, appelés à comparaître, conservent cependant la morgue de leur rang. Quand La Reynie interroge la duchesse de Bouillon, la nièce de Mazarin, elle reconnaît être allée plusieurs fois visiter la Voisin en compagnie du duc de Vendôme, son amant. Elle venait « voir les sibylles ». La Reynie lui demande alors si elle a vu le diable, elle lui répond : « Je le vois en ce moment, il est fort laid et fort vilain, et déguisé en conseiller d'État. »

La Voisin, qui est un peu l'empoisonneuse en chef du dossier, est condamnée à mort. Elle avait reconnu pendant son procès avoir brûlé dans le four, ou enterré dans son jardin, les corps de plus de 2 500 enfants nés avant terme. Elle est brûlée vive en place de Grève le 22 février 1680.

L'aide du bourreau a reçu la consigne d'abréger ses souffrances. Après lui avoir envoyé de grosses bûches au visage, il doit lui arracher la tête grâce à un crochet de fer. La marquise de Sévigné, qui a assisté à l'exécution, relativise dans une lettre : « Vous voyez bien, ma fille, que ce n'est pas si terrible que ça. » Son exécution n'éteint pourtant pas l'affaire. Bien au contraire, elle la relance ! Sa fille, Marie-Marguerite Voisin, n'ayant plus rien à perdre, va voir La Reynie et implique directement la favorite du roi, Mme de Montespan, dans les crimes de sa mère.

Françoise Athénaïs de Rochechouart de Mortemart, marquise de Montespan, a déjà été citée par d'autres accusés comme une sorcière nommée la Filastre. La marquise aurait cherché des aphrodisiaques pour continuer de plaire au roi. Plus grave, elle aurait commandé plusieurs messes noires au cours desquelles elle aurait servi, nue, d'autel sur lequel on aurait sacrifié des bébés. On l'accuse enfin d'avoir projeté d'empoisonner par jalousie le roi et sa nouvelle maîtresse, la jeune duchesse de Fontanges.

La marquise de Montespan est en effet une habituée des diseuses de bonne aventure. Elle a obtenu de magiciens et devins des mouches cantharides, réputées aphrodisiaques, qu'elle faisait ingurgiter en poudre au roi. On ne sait pas si l'aphrodisiaque faisait son office, mais le roi souffrit beaucoup de nausées dans les années 1675-1676. La mouche cantharide est en effet toxique à faible dose.

Quoi qu'il en soit, il est hors de question pour le roi que la marquise de Montespan, la mère de ses sept enfants, soit accusée ! Le 30 septembre 1680, Louis XIV suspend donc les activités de la Chambre ardente. Il exige aussi que tous les registres d'interrogations la concernant, ce qu'il appelle « les faits particuliers », soient rédigés sur des feuilles volantes et que ces dernières soient conservées dans une boîte scellée. Par la suite, le roi exige que la cour ne traite plus des affaires citant Mme de Montespan.

Quand les juges reprennent leurs travaux, le 19 mai 1681, il s'agit désormais de régler au plus vite et surtout le plus discrètement possible cette affaire. Les condamnations tombent les unes après les autres et plusieurs accusés finissent au bûcher. D'autres prisonniers ne sont même pas jugés, mais comme on les sait coupables, on les envoie croupir le reste de leur vie dans une prison reculée. Les lettres de cachet pleuvent. Ainsi, plusieurs femmes qui ont accusé Mme de Montespan sont enfermées dans diverses forteresses du royaume, à Belle-Île-en-Mer, Besançon, Salses ou à Villefranche-de-Conflent. Leurs conditions d'emprisonnement sont particulièrement atroces. Le plus souvent plongées dans une semi-obscurité, elles sont généralement attachées avec des chaînes directement au mur de la forteresse. La plus résistante survit à ce traitement jusqu'en 1725, après avoir passé quarante-deux ans en captivité.

Louvois, le ministre de la Guerre qui a l'autorité sur ces forteresses, a exigé qu'on réduise ces prisonnières au silence pour « empêcher les sottises qu'[elles] pourraient crier tout haut, leur étant souvent arrivé d'en dire touchant Mme de Montespan qui sont sans fondement ».

Certains historiens ont reconnu en effet la main de Louvois derrière cet acharnement judiciaire, car la plupart des grands noms inquiétés sont des proches de son ennemi juré, le contrôleur général des finances Colbert. À la manœuvre pour accabler les accusés, Louvois visite des prisonniers et fait ses propres rapports au roi. La Reynie est aussi sous son influence. Colbert, lui, cherche à dédouaner les accusés, peu convaincu tant par la nature des crimes (magie, sortilèges…) que par la personnalité des accusés (comment croire des gens qui imaginent voir le diable ?). Il trouve aussi que les dossiers manquent de preuves et se contentent d'aveux extorqués sous la torture. La lutte Louvois-Colbert semble en tout cas la toile de fond de toute cette affaire sans que l'on saisisse clairement, en dehors de leur rivalité, les implications réelles de l'un et de l'autre.

Finalement, après l'exécution des principaux accusés, le roi dissout la chambre de l'Arsenal en juillet 1682. Celle-ci aura inculpé en tout 442 personnes, prononcé 319 arrestations, rendu 104 jugements dont 36 condamnations à mort, 4 aux galères, 34 bannissements ou amendes et 30 acquittements.

En 1682, comme épilogue à cette affaire, Louis XIV décide un édit « pour la punition des empoisonneurs, devins et autres ». Si l'empoisonnement devient un crime puni de mort, le but du texte est surtout de réserver dorénavant l'accès aux produits dangereux aux seuls professionnels de la santé. Ainsi, ce texte constitue la base de notre législation actuelle sur les poisons et substances toxiques.

Quant aux pièces les plus compromettantes de toute l'affaire, celles qui étaient conservées dans la cassette, Louis XIV décide finalement de toutes les brûler en 1709. Et pour que le reste du procès demeure dans un « éternel oubli », le conseil du roi ordonne de faire brûler tous les registres, rapports de police et procès-verbaux.

Mais l'oubli n'est pas total. Les papiers personnels de La Reynie et ceux des magistrats de la Chambre ardente ont tout de même permis aux historiens de reconstituer toute cette sombre affaire.

13.

Le 9 Thermidor : l'arrestation de Robespierre

France, 1794

Des révolutionnaires écœurés par la « Terreur » qui ourdissent un complot pour se débarrasser du tyran Robespierre : voici l'image que l'on a habituellement de cette journée du 9 Thermidor (selon le calendrier révolutionnaire, soit le 27 juillet 1794).

Et pourtant, ce n'est pas si simple ! Comme toujours en Histoire, la réalité est plus complexe et plus nuancée.

Rappelons pour commencer que depuis 1792, la France révolutionnaire affronte une situation plus que périlleuse. La Révolution est en effet menacée de toute part.

À l'extérieur d'abord puisqu'elle est en guerre quasiment avec tous ses voisins : l'Autriche, la Prusse, la Savoie et l'Angleterre. Les ennemis ne désarment pas et la guerre est compliquée. Les Anglais occupent ainsi Toulon de septembre à décembre 1793.

Mais la menace est aussi interne avec deux types d'insurrections.

D'abord, celle des fédéralistes, c'est-à-dire les partisans des Girondins (les modérés) guillotinés à Paris en juin 1793. Il s'agit en fait de provinciaux hostiles à une centralisation autour de Paris et politiquement opposés aux Montagnards, cette faction qui regroupe les révolutionnaires les plus radicaux désormais au pouvoir. Une de ces fédéralistes, Charlotte Corday, assassine d'ailleurs le révolutionnaire montagnard Marat le 13 juillet 1793.

À ces soulèvements régionaux, il faut ajouter ceux, militairement plus inquiétants, des royalistes comme les chouans en Bretagne et les Vendéens en Vendée.

Face à toutes ces révoltes, la répression est violente, surtout en province.

Donc, la situation est grave. Les sans-culottes, ces activistes républicains, partisans de l'égalité et qui ne refusent pas la violence politique, veulent mettre justement la Terreur à l'ordre du jour. La Convention, comme on nomme l'assemblée de l'époque, refuse. Mais elle installe une sorte d'état d'exception. Depuis avril 1793 et pour gagner en efficacité, elle a constitué un Comité de salut public de douze membres, chargé de « prendre dans les circonstances urgentes des mesures de défense générale extérieure et intérieure ». Pour faire simple, ce comité est responsable d'à peu près tout dans la gestion du pays, même si ses décisions sont soumises à l'approbation de la Convention. Dans les faits, il concentre cependant de plus en plus les pouvoirs et prend des mesures extraordinaires.

Pour lutter contre une inflation galopante, les prix sont par exemple contrôlés. Un prix maximal est fixé pour chaque denrée ainsi qu'un salaire maximal mais il reste, lui, beaucoup plus théorique. L'esclavage est aussi aboli dans les colonies.

Avec la loi du 22 prairial an II (10 juin 1794), le tribunal révolutionnaire obtient des pouvoirs exceptionnels et la justice est expéditive contre les « ennemis du peuple ». Qui sont-ils ? « Ceux qui cherchent à anéantir la liberté soit par la force, soit par la ruse. » C'est vague ! Le procès ? Expédié et sans le fonctionnement judiciaire habituel : « S'il existe des preuves soit matérielles soit morales, il ne sera pas entendu de témoins. » Le tout avec une seule peine possible : la mort.

Pratique pour lutter contre la lenteur de la justice, n'est-ce pas ?

Avec toutes ces mesures d'exception, la situation s'améliore. Avec un bilan extrêmement lourd cependant : 200 000 morts environ pour la Vendée seule où la répression du soulèvement est terrible. Pendant cette période, on guillotine tellement de gens à Paris que l'on doit régulièrement déplacer la « veuve » comme on nomme alors la guillotine. Les riverains se plaignent de l'odeur du sang !

Au sein du Comité de salut public, Maximilien de Robespierre, que l'on surnomme « l'Incorruptible », n'est qu'un des membres parmi les douze. Il y est probablement le plus influent avec Barère, mais il doit forcément composer avec les autres. Il peut toutefois s'appuyer sur ses proches, Saint-Just, surnommé « l'archange de la révolution » et l'infirme Couthon. D'autres membres de ce comité sont plus modérés (comme Carnot) ou beaucoup plus radicaux que lui (comme Billaud-Varenne et Collot d'Herbois).

Les débats sont vifs. Si Robespierre est sans conteste le plus connu du Comité, il ne le contrôle pas. Il peut même être débordé par certaines initiatives comme celles des déchristianisateurs. Par hostilité à la religion, ces derniers, à la fin 1793, détruisent les statues des Églises, démolissent les clochers ou encore fondent les cloches. Pour le Comité de salut public, il s'agit de désordres inacceptables et Robespierre, qui juge l'athéisme contre-révolutionnaire, pourchasse les auteurs de tels actes. Plusieurs sont ainsi guillotinés en mars et avril 1794.

Même si les décisions sont collégiales au sein du Comité, Robespierre reste celui qui incarne la politique qui y est décidée. Et après la mort de Danton en avril 1794, il est aussi la dernière grande figure encore vivante des premiers temps de la révolution.

Les luttes et les divisions politiques se doublent donc de rumeurs sur ses ambitions. Veut-il devenir dictateur ? Une chose est sûre, il fait peur à beaucoup de monde.

En juin 1794, il organise la fête de l'Être suprême avec le peintre Jacques-Louis David. Il veut unir le pays autour d'une base spirituelle, d'une divinité et surtout de la vertu qui doit guider l'action de la république. C'est l'apogée du pouvoir de Robespierre. Il apparaît comme le maître de la révolution et, lors des cérémonies, devance les députés d'une vingtaine de pas. Cependant, et Robespierre le constate amèrement, on rit et on se moque du côté grandiloquent de la cérémonie. Les athées de la convention critiquent son caractère religieux. Les députés de la Convention pensent que l'Incorruptible, au centre de toute la journée, est devenu bien trop puissant.

Quelques jours plus tard, le 8 messidor (26 juin 1794), les troupes révolutionnaires décrochent la victoire de Fleurus contre les Autrichiens. Les frontières sont dégagées, le danger extérieur est écarté et l'armée française progresse même en Belgique actuelle.

Le régime d'exception ne se justifie plus, la Révolution ne paraît plus menacée. La « loi de Prairial », préparée par Couthon, un ami de Robespierre, apparaît alors disproportionnée et inutilement meurtrière. On rend ce dernier responsable des exécutions qui se multiplient en juin et en juillet.

Robespierre, usé de toutes les attaques politiques qui visent à le salir, ne se rend plus au Comité pendant plusieurs semaines. Il reste terré chez lui, ce qui sera une erreur stratégique – une erreur stratégique car elle permet à une coalition d'opposants de se constituer. Celle-ci est assez improbable car elle réunit des révolutionnaires plus radicaux que Robespierre, des partisans de Danton qui lui reprochent son exécution, des députés de la plaine (un groupe central et modéré de la convention) et même certains ayant trempé dans des massacres, comme les anciens « représentants en mission » Fouché, Carrier et Tallien. La Convention les avait envoyés mater les troubles en province et ils s'y sont montrés d'une extrême violence. À Nantes, de novembre 1793 à février 1794, Carrier n'a pas hésité à noyer en masse dans la Loire plusieurs milliers de prisonniers et « ennemis de la révolution ».

À ce groupe s'ajoutent tous les députés qui craignent, à tort ou à raison, d'être les prochaines cibles d'exécutions. Et ça fait du monde ! Tous sont conscients que, pour survivre encore un peu aux événements, il faut éliminer Robespierre.

Celui-ci sent monter le danger et il fait son grand retour à la Convention le 8 Thermidor (26 juillet). C'est un peu le discours de sa vie, celui à ne pas rater : soit il l'emporte et les députés le suivent, soit il perd et l'issue pourrait être tragique. Son discours impressionne et sidère l'assemblée. Il dénonce ainsi un complot des « fripons », c'est-à-dire de corrompus et d'ennemis de la révolution, mais, nouvelle erreur de sa part, il refuse de les nommer.

« Des noms ! » exige alors un député.

Robespierre n'en donne pas. Il aurait pu en menacer certains tout en rassurant la grande partie des députés. Mais alors qu'il se tait, beaucoup s'inquiètent d'être sur la liste et rejoignent le groupe des opposants à Robespierre. Il faut au plus vite, pensent-ils, l'écarter du pouvoir.

Le soir pourtant, Robespierre croit l'emporter. Il réitère son discours au club des Jacobins et tous les membres l'ovationnent. Un mouvement populaire expulse même de la salle Collot d'Herbois et Billaud-Varenne. Mais c'est un succès trompeur. L'offensive parlementaire contre Robespierre, préparée pendant la nuit, est prévue le lendemain. Cambon, l'un des conjurés, écrit : « Demain, de Robespierre ou de moi, l'un des deux sera mort. »

Le 9 Thermidor donc, Saint-Just commence un discours à la Convention, mais il est rapidement interrompu par Tallien. Robespierre tente alors de prendre la parole. Mais l'ambiance est très agitée. On entend « À bas le tyran ! », « Le sang de Danton t'étouffe ! ». Les tribunes sont pleines. Les adversaires de Robespierre ont ameuté leurs partisans. Dans un chaos indescriptible, l'Incorruptible tente de s'adresser aux siens : « C'est à vous, hommes purs, que je m'adresse et non pas aux brigands. » Mais tous sont conscients de la tournure que prennent les événements, et aucun ne bouge.

Un débat confus s'engage alors avant qu'un obscur député montagnard propose une motion d'arrestation contre Robespierre et ses partisans, motion votée à l'unanimité.

L'Incorruptible, son frère Augustin, Couthon, Le Bas et Saint-Just sont arrêtés sur-le-champ. La partie n'est cependant pas encore perdue pour Robespierre car un de ses partisans est à la tête du tribunal révolutionnaire. Ils contrôlent aussi les troupes de la capitale, la commune de Paris et la haute administration. La situation peut donc s'inverser et l'Incorruptible reste calme pour ne pas apparaître comme celui qui contesterait la légitimité de la Convention.

Avec ses partisans, il est emmené dans plusieurs prisons où, à chaque fois, on refuse de l'écrouer. C'est donc un hors-la-loi, mais libre de ses mouvements, qui rejoint à la nuit l'hôtel de ville de Paris. Il sait que la commune lui est favorable. Le maire fait fermer les barrières et sonner le tocsin pour rameuter les sections de sans-culottes en renfort.

À la Convention, il est pourtant hors de question de laisser Robespierre s'en sortir et reprendre éventuellement le pouvoir. Il faut en finir ! Barras rassemble donc des troupes fidèles et les envoie à l'assaut de l'hôtel de ville.

La confusion est totale, l'insurrection est envisagée. On presse Robespierre de l'encourager mais il hésite. Il veut respecter la légalité tout en mettant en place un gouvernement provisoire. Les sans-culottes, déjà peu motivés et qui attendent en vain des consignes, finissent par se disperser et rentrent chez eux.

À 2 heures du matin, le 10 thermidor an II (28 juillet 1794), les troupes de la Convention attaquent l'hôtel de ville. Mal défendu, il oppose peu de résistance. Soudain, un coup de feu. Robespierre a-t-il tenté de se suicider ou un gendarme nommé Merda lui a-t-il tiré dessus ? Si une chose est sûre : l'Incorruptible est blessé, il a la mâchoire fracassée. Son frère, Augustin, tente de s'échapper par la fenêtre. Il se blesse sur les marches du grand escalier et on le relève, encore sanglant, pour l'arrêter avec les autres. Le Bas réussit son suicide. Couthon dévale l'escalier comme il peut. Saint-Just se rend.

Tous sont transportés à la Conciergerie. Robespierre, le visage en sang, reste jusqu'au matin allongé sur une table. Autour de lui, on l'insulte, on le menace.

Lui et ses partisans étant hors la loi, il n'y a pas besoin de procès. Conformément au décret du 19 mars 1793, les coupables d'actes de sédition doivent juste être exécutés sous vingt-quatre heures. On se contente donc de vérifier leur identité.

À 7 heures du soir, Robespierre et une vingtaine de ses partisans, dont son frère Augustin, Couthon et Saint-Just, sont conduits à la guillotine. Avant son exécution, l'aide du bourreau arrache brutalement le bandeau qui maintient la mâchoire blessée de l'Incorruptible. Il pousse un terrible cri de douleur. Mais il est rapidement allongé sur la planche et la lame s'abat. Sa tête tombe dans le panier avant d'être montrée à la foule qui applaudit. Les corps et les têtes des exécutés sont ensuite jetés dans une fosse commune et recouverts de chaux vive afin d'éviter qu'il reste la moindre trace d'eux. Dans les jours qui suivent, quatre-vingt-cinq personnes, pour l'essentiel des membres de la commune, passent aussi sous la « veuve ». La plus grande fournée de la Révolution. Le peuple n'a pas bougé. Pire, la foule acclame ces exécutions.

Les vainqueurs politiques de Robespierre arrivent donc au pouvoir et seront appelés les « thermidoriens », en référence au mois du complot.

S'ils continuent dans un premier temps à utiliser les mesures d'exception, rapidement, et pour mieux se dédouaner de leurs propres crimes, ils construisent l'image de la période précédente. Ils l'appellent « Terreur » et prétendent y avoir mis un terme. Et ils imputent enfin la responsabilité de toutes ces violences à Robespierre, un coupable facile maintenant qu'il est mort. On prétend même qu'il voulait devenir roi, qu'on a trouvé un cachet à fleur de lys dans ses affaires, qu'il était sanguinaire…

Bref, les absents ont toujours tort.

La Révolution prend en tout cas un nouveau tournant et même, selon certains historiens, s'arrête à cette date du 9 Thermidor. Désormais, le régime en place cherche à se maintenir à distance des deux extrêmes, Jacobins et sans-culottes d'un côté et royalistes de l'autre. La république retrouve des accents bourgeois et plus modérés. Mais l'époque s'y prête-t-elle vraiment ?

14.

L'attentat de la rue Saint-Nicaise : Napoléon survit à la « machine infernale »

France, 24 décembre 1800

À quoi pense Napoléon Bonaparte alors que son carrosse s'engage cette nuit-là dans la rue Saint-Nicaise ?

Peut-être à son épouse, Joséphine, qui a insisté pour qu'il la rejoigne à l'Opéra, situé rue de la Loi (aujourd'hui square Louvois) pour y écouter la *Création du monde* de Haydn jouée pour la première fois à Paris.

Ou alors à son rôle de Premier Consul, une fonction qu'il occupe depuis son coup d'État du 18 Brumaire an VIII (9 novembre 1799). Les deux autres consuls qu'on lui a flanqués, Cambacérès et Lebrun, ne jouent vraiment qu'un rôle consultatif. Lui, Bonaparte, le Premier Consul nommé pour dix ans, détient la réalité du pouvoir exécutif et une part importante du pouvoir législatif. Et que de travaux à accomplir pour apaiser la France après les troubles de la période révolutionnaire ! Pour Bonaparte, les choses sont désormais beaucoup plus simples. Comme l'ont dit d'ailleurs les trois consuls quand ils ont proclamé la constitution de ce nouveau régime : « Citoyens, la Révolution est fixée aux principes qui l'ont commencée, elle est finie. » Les chantiers se succèdent pour rétablir l'ordre et la prospérité : l'amnistie des émigrés et de tous les proscrits, la liberté de culte, la réforme de la justice, la création de la Banque de France, la centralisation du pouvoir et de l'administration avec les préfets dans chaque département… Et à l'extérieur, les choses s'améliorent aussi. En juin, les armées françaises l'ont emporté contre les Autrichiens à Marengo et à Hohenlinden au début de ce mois de décembre. La paix se rapproche, tout se présente donc au mieux.

Bonaparte regrette-t-il d'avoir accepté cette sortie à l'opéra ? Il est épuisé et n'aurait pas dû céder aux pressions de Joséphine pour assister à ce spectacle. Il sommeille déjà dans la voiture qu'il partage avec Lannes, Bessières et Berthier, trois futurs maréchaux d'Empire. César, son cocher, va un peu trop vite. Il a beaucoup bu ce soir-là, Bonaparte l'ignore et pourtant, lui sauvera la vie. L'Histoire tient parfois à ces hasards.

La voiture, après avoir traversé la place du Carrousel, s'engage sur la gauche rue Saint-Nicaise. Personne, probablement, ne s'aperçoit de la présence sur le côté d'une jeune fille de 14 ans : Marianne Peusol. Alors qu'elle vendait des petits pains aux passants, un homme lui a donné quelques pièces pour garder en bride une jument, elle-même attachée à une charrette.

Cinq secondes après l'avoir dépassée, la voiture du Premier Consul tourne à droite dans la rue de Chartres.

Et soudain, une terrible explosion retentit ! Bonaparte sort brutalement de sa léthargie. Lannes panique :

« Général, l'on vient de tirer un coup de canon à mitraille sur votre voiture ! » Le Premier Consul, inquiet, s'écrie : « Nous sommes minés ! » Il ordonne à César, son cocher, de fouetter les chevaux. Celui-ci, dégrisé, n'a pas besoin de le faire car les pauvres bêtes sont affolées par l'explosion et se sont emballées. La voiture ne retrouve un train normal que devant l'opéra où Bonaparte, indemne, descend comme si de rien n'était. Sa femme, Joséphine, le rejoint un peu plus tard.

Dans la rue Saint-Nicaise, c'est le carnage et la désolation. L'explosion, très puissante, a fait voler en éclats les vitres, détruit certains murs et entraîné une pluie de tuiles. Une vingtaine de corps déchiquetés jonchent le sol. Il y a plus d'une centaine de blessés. Quarante-six maisons ont été endommagées. « La détonation fut entendue de tout Paris », note dans ses *Mémoires* Cambacérès, l'un des trois consuls. Son habitation, l'hôtel d'Elbeuf qui donne sur la rue Saint-Nicaise, reçoit même un débris de la bombe que l'on va surnommer dans les jours qui suivent « la machine infernale ». En conséquence de l'attentat, les églises parisiennes sont fermées, ce qui empêche l'organisation des messes de Noël. Le moment est grave.

Peu troublé par l'événement ou souhaitant afficher la sérénité face à cette tentative d'assassinat, Bonaparte veut écouter le concert jusqu'au bout. Mais face à la gravité de l'attentat, l'oratorio de Haydn est finalement interrompu. Le Premier Consul rentre alors au château des Tuileries où une foule de ministres, de hauts fonctionnaires et de courtisans inquiets sont venus prendre de ses nouvelles.

Fouché, le ministre de la Police, arrive un peu plus tard. Il est passé auparavant rue Saint-Nicaise pour constater l'ampleur de la tragédie et lancer l'enquête au plus tôt. Tout le monde le regarde de travers quand il arrive aux Tuileries. Les coupables d'un tel attentat sont vite désignés : il s'agit forcément des Jacobins, ces révolutionnaires ultras, républicains acharnés, pour certains nostalgiques de la guillotine et des mesures d'exception et qui voient en Bonaparte le fossoyeur de la Révolution française. Des terroristes, pense-t-on alors, tout à fait capables d'un tel crime ! Fouché est dans une posture délicate puisqu'il a lui-même été proche des Jacobins pendant la révolution. Il a même présidé leur club en 1794 ! Bref, ce passé lui colle à la peau et, à la faveur de ce terrible attentat, vient de lui sauter au visage. On murmure dans son dos et Bonaparte est le plus acharné de ses accusateurs. Il reproche à son ministre de n'avoir pas pu empêcher l'attentat et, pire, insinue qu'il est l'œuvre de ses anciens compagnons de lutte. « Ceci, dit-il, n'est pas une conspiration de royalistes, ni une machination anglaise ; c'est un complot des terroristes » (comprendre, des anciens partisans de la « Terreur »). Face à ce danger, Fouché apparaît au mieux léger, au pire complice. Michel Regnaud de Saint-Jean d'Angély, qui convoite son poste, ne cache pas sa méfiance envers l'ancien révolutionnaire : « Fouché conspire, même pendant qu'il est immobile, chacun de ses rêves est un complot, je me méfierai de lui même après sa mort. »

La pression est alors totale sur le ministre de la Police. Les pétitions et les notes politiques s'accumulent demandant son renvoi, la dissolution de son ministère et même qu'on le fusille dans les vingt-quatre heures !

Dès le lendemain de l'explosion, Bonaparte a trouvé ses coupables. Selon lui, l'attentat est à attribuer aux « massacreurs de septembre », les Jacobins ultras qui ont trempé dans ces violences de 1792. Devant le Conseil d'État, il accuse ces « quatre à cinq cents individus couverts de crime, sans asile, sans occupation et sans ressources » dont il faut se débarrasser : « Il faut [...] purger la société de ce fléau. Il faut que, d'ici à cinq jours, vingt ou trente de ces monstres expirent et que deux à trois cents autres soient déportés. » Et pour cela, il exige qu'on lui fournisse une liste des Jacobins les plus influents et les plus dangereux. Les arrestations commencent dans la foulée.

Comme Bonaparte se méfie de Fouché que l'on accuse de mollesse voire de duplicité face aux Jacobins, le Premier Consul commence aussi à chercher un remplaçant à son ministre de la Police.

Et pourtant, dans cette tempête, Fouché reste imperturbable. Il est persuadé que les Jacobins sont innocents dans cette triste affaire et pense au contraire que c'est un coup des chouans. Ces royalistes venus de l'ouest de la France, de la Bretagne notamment, ont été battus militairement en début d'année ce qui a poussé les plus extrémistes à basculer dans une dérive terroriste. Plusieurs sont arrivés à Paris peu de temps avant et y ont trouvé des soutiens qui peuvent les cacher en cas de besoin. Ils ne manquent pas non plus de moyens avec l'argent d'Angleterre.

Les policiers, quant à eux, comprennent vite ce qui s'est passé rue Saint-Nicaise.

La « machine infernale » était en fait des barils de poudre, de pierres et de ferraille cachés sous la paille d'une charrette. La mèche courte a été allumée peu avant l'arrivée de la voiture de Bonaparte. Mais avec retard, ce qui explique que l'explosion ait manqué sa cible.

De la charrette, il ne reste rien. La pauvre jeune fille, tuée sur le coup, « est restée nue et méconnaissable » d'après le premier rapport de police. La jument qu'elle tenait en bride est quant à elle dispersée façon puzzle. Les policiers parviennent cependant à retrouver la tête, la seule partie de l'animal qui soit reconnaissable.

Partout, la rumeur enfle et la presse se déchaîne : c'est un coup des Jacobins ! Face au déferlement des passions, ces derniers n'osent plus sortir de chez eux de peur des représailles. Des dizaines de lettres anonymes de dénonciation arrivent sur le bureau du préfet. Bonaparte promet devant les maires de Paris que pour la « centaine de misérables qui ont calomnié la liberté par les crimes qu'ils ont commis en son nom, [...] la punition sera aussi prompte qu'exemplaire ».

Après avoir appliqué la technique habituelle de l'époque, interroger les témoins de la scène et les riverains, les policiers arrêtent au petit bonheur la chance le lot des suspects éventuels. Le résultat étant peu concluant, ils mènent alors une enquête approfondie.

Ils montrent la tête de la jument à tous les vendeurs de chevaux de la capitale, espérant qu'ils la reconnaissent. Les fers de l'animal permettent aussi de découvrir un détail important : elle a été ferrée à neuf ! Deux jours plus tard, cette enquête minutieuse aboutit. Le marchand de la charrette et de la jument ainsi que le maréchal-ferrant sont retrouvés. L'acheteur est identifié à la suite de témoignages et de recoupements : il s'agit de François-Jean Carbon, surnommé Petit François, et déjà connu au ministère de Police comme chouan. Ce n'est certes pas la tête pensante du complot, seulement un exécutant, mais les policiers ont déjà un nom.

Son arrestation se fait une quinzaine de jours plus tard alors qu'il se planque dans un couvent de religieuses. Évidemment, il nie tout et prétend ignorer la conspiration. Mais son interrogatoire, peut-être un peu musclé, s'avère fructueux puisqu'il finit par livrer les noms de ses deux complices : Pierre de Saint-Régeant et Joseph Picot de Limoëlan.

Les intuitions de Fouché se confirment. Il s'agit de deux Bretons, des officiers de l'Armée catholique et royale de Bretagne. Deux hommes de Georges Cadoudal, le fameux général chouan et conspirateur de haut vol. Royaliste intransigeant, il a participé à l'affaire de Quiberon où, avec l'aide de l'Angleterre, des régiments royalistes ont tenté, en vain, de débarquer en 1795. On le retrouve ensuite à la tête de la chouannerie et il fait des allers-retours entre l'Angleterre et la Bretagne tout en fomentant des révoltes et des complots contre

Bonaparte. C'est un des ennemis jurés du Premier Consul.

Les policiers découvrent une de ses lettres chez Saint-Régeant indiquant sans nul doute que le chef chouan est derrière l'attentat. Quelques années plus tard, il le reconnaît implicitement en regrettant que la bombe ait tué tant de victimes civiles.

Pour mettre la main sur cet indomptable chouan, Fouché offre ainsi 24 000 francs, une véritable fortune, pour lui amener Cadoudal « mort ou vif ». Sans succès. Faute de mieux, on arrête donc Saint-Régeant qui prétend lors de son interrogatoire s'être trouvé rue Saint-Nicaise par le plus grand des hasards. Son comparse, Carbon, assure pourtant aux enquêteurs qu'il est celui qui a allumé la mèche de la « machine infernale ».

Divers complices comme les dénommés La Haye ou Joyaux sont aussi appréhendés. Mais pas Limoëlan qui échappe aux policiers. Dévoré par les remords, il abandonne la lutte politique et part aux États-Unis. Il entre dans les ordres et finit sa vie dans un couvent.

Une fois l'enquête bouclée, Fouché en présente les conclusions à Bonaparte, preuves à l'appui. Il souhaite que les Jacobins, désormais innocentés, soient libérés. Mais Bonaparte a d'autres projets. L'attentat lui fournit un bon prétexte pour éliminer ces ennemis politiques. Neuf Montagnards sont ainsi exécutés et une petite centaine sont déportés aux Seychelles et en Guyane.

Les chouans n'échappent pas non plus à la justice. Les auteurs de l'attentat sont jugés et guillotinés place de l'Hôtel-de-Ville le 21 avril 1801. La répression s'abat aussi sur les royalistes et leurs principaux représentants sont exécutés ou jetés en prison.

Finalement, profitant de l'émotion populaire, Bonaparte élimine d'un coup ses adversaires politiques sur sa gauche et sur sa droite.

Cet attentat lui permet paradoxalement d'affirmer son pouvoir et d'envisager sereinement… de devenir consul à vie !

15.

***Les Protocoles des sages de Sion* : les Juifs veulent-ils dominer le monde ?**

Russie, 1903

Peu de livres ont eu une telle influence. Inspirant même le complotisme moderne, *Les Protocoles des sages de Sion* en constituent la matrice (sans Neo et le lapin blanc).

Cette histoire est à peine croyable et pourtant, elle est totalement exacte ! De France en Russie, de Suisse à Constantinople, elle est ponctuée de rebondissements et de révélations sans que cela empêche vraiment la circulation des idées que le livre contient.

Comment un ouvrage, reconnu très vite comme un faux grossier, a-t-il pu continuer à circuler en connaissant même de nombreuses rééditions et traductions dans le monde entier ?

Tout commence sous le Second Empire. La France est alors dirigée par Napoléon III.

Maurice Joly, un avocat rebelle dans l'âme, s'insurge contre le caractère autoritaire du régime et son contrôle de la presse. En 1861, il écrit un premier pamphlet intitulé *César*, mais la charge contre le pouvoir inquiète les éditeurs qui détruisent rapidement les exemplaires. Joly récidive en 1864 avec son ouvrage le plus connu, *Dialogue aux enfers entre Machiavel et Montesquieu*. Dans ce livre, le Florentin, cyniquement, défend l'idée que la fin justifie les moyens tandis que le second, comme penseur des Lumières, considère qu'un bon prince ne peut tromper son peuple sans que ce dernier finisse par se révolter. Sans aller très loin dans l'analyse, on comprend très vite que le prince en question est Napoléon III et que l'auteur l'accuse clairement de pencher du côté de Machiavel. Maurice Joly, pas fou, préfère faire publier l'ouvrage sous pseudonyme et surtout en Belgique pour éviter la censure. Le pamphlet circule ensuite sous le manteau en France où il est aussi parfois vendu par son auteur. Une idée loin d'être lumineuse car cela aide grandement la police à l'identifier. Il est finalement condamné par le tribunal correctionnel de la Seine à quinze mois de prison. La chute de l'empire en 1870 et la proclamation de la république n'arrangent pas ses affaires. Son caractère difficile le fâche avec ses amis républicains et il comprend vite qu'il n'aura pas les responsabilités et la gloire qu'il espère. Il meurt en 1878 dans des circonstances étranges, probablement par suicide sans que cela soit totalement assuré.

L'histoire aurait pu en rester là, mais son livre, que tout le monde avait oublié alors, va connaître une nouvelle vie surprenante.

Trente ans plus tard et bien loin de Paris. En Russie.

À la fin du XIXe siècle, chacun cherche à imposer ses vues auprès de l'influençable tsar Nicolas II. Les libéraux semblent les plus écoutés et ils l'incitent à industrialiser et à moderniser le pays. Face à eux, les conservateurs s'inquiètent de ces changements et des risques de révolution qui en découlent. Se sentant comme les gardiens de la chrétienté orthodoxe, certains s'inquiètent aussi de la présence auprès du tsar de Juifs, que l'on associe alors aux modernisateurs.

Accuser les Juifs est facile, car l'antisémitisme est très fort en Russie à l'époque. Les pogroms sont nombreux et permettent de canaliser la colère populaire en la détournant du pouvoir. Ce rejet des Juifs est un phénomène largement répandu en Europe. Au même moment, par exemple, l'affaire Dreyfus déchire la France. En fait, face aux tensions sociales et aux problèmes économiques, beaucoup voient dans les Juifs des coupables faciles.

Bref, pour les conservateurs russes, il faudrait un texte permettant d'ouvrir les yeux de Nicolas II afin de le faire revenir à de meilleures dispositions, c'est-à-dire débarquer les libéraux et freiner toute évolution du pays.

Et quoi de mieux qu'un livre expliquant par un complot juif la révolte montante en Russie ?

Les conditions de rédaction de ce livre ne sont pas clairement établies.

L'une des hypothèses évoque Pierre Ratchkovski, le chef de la section étrangère de l'Okhrana, la police secrète du tsar, qui vit à Paris depuis le milieu des années 1880. Il se serait adressé à un jeune Russe nommé Matthieu

Golovinski, parfaitement bilingue, pour réaliser un travail de faussaire. Le but étant de plagier l'ouvrage de Maurice Joly et de transformer ce qui est une dénonciation politique de Napoléon III en un projet de complot juif. En clair, Golovinski aurait été chargé de conserver toutes les parties les plus cyniques mises dans la bouche de Machiavel pour faire croire à un discours global de domination mondiale. Golovinski, qui fréquente les milieux antisémites parisiens, aurait réalisé cette adaptation entre 1899 et 1901. Ratchkovski, très content du résultat, l'aurait ensuite ramenée en Russie.

Actuellement cette origine parisienne, pourtant longtemps admise, est remise en cause.

Ce qui est certain en revanche, c'est que l'ouvrage, un plagiat grossier du livre de Maurice Joly, paraît pour la première fois en Russie en 1903, d'abord en version abrégée et en feuilleton dans un quotidien d'extrême droite, sous le titre « Programme de la conquête du monde par les Juifs ». Puis il est édité en édition complète en 1905 par Serge Nilus, un moine mystique à la Raspoutine et, l'année suivante, par Gueorgui Boutmi, un officier nationaliste et antisémite.

Les Protocoles des sages de Sion, selon son titre définitif, est un petit livre d'une centaine de pages, découpé entre vingt-deux et vingt-sept chapitres selon les éditions. Il s'agirait de compte-rendu de « conférences » prononcées par le chef d'une prétendue société juive secrète, les « Sages de Sion », en marge du congrès sioniste de Bâle de 1897 ou à l'Alliance israélite universelle à Paris.

L'idée globale du texte est de montrer que les Juifs, peuple comploteur par essence, cherchent secrètement à dominer le monde et qu'ils ont un plan cynique pour cela : manipuler l'économie, contrôler les médias et encourager toutes les révoltes et conflits religieux.

Et on sent que ces comploteurs ont clairement l'idée du siècle : dévoiler par écrit tout le projet secret !

Pour bien charger la barque du complot juif, on a ajouté au livre de Maurice Joly des passages d'autres publications antérieures comme le *Discours du grand rabbin au cimetière de Prague* de Hermann Goedsche, un écrivain prussien antisémite. Rapidement, on ajoute aussi des allusions aux francs-maçons, histoire de suggérer une collusion entre eux et les Juifs.

La nouveauté et la force des *Protocoles des sages de Sion* est donc de proposer une réflexion globale et un discours qui se veut cohérent. Ils prétendent ainsi dévoiler toute la vérité sur les activités secrètes et les intentions des Juifs partout dans le monde : détruire la civilisation chrétienne et parvenir au pouvoir. Le tout enrobé dans un ramassis de clichés antisémites comme le « culte de l'or » ou « l'ennemi intérieur ».

Si dans un premier temps le tsar Nicolas II, le premier visé dans cette affaire, se laisse convaincre et renvoie les ministres libéraux, rapidement il fait examiner l'ouvrage par ses services qui concluent que c'est un faux grossier.

Cela n'entame nullement sa diffusion qui est même accélérée par la révolution russe de 1917. Karl Marx étant juif comme certains des bolcheviques, cette révolution n'est-elle pas la réalisation du complot annoncé dans le livre ? Voilà comment se forge un mythe appelé à connaître par la suite une grande popularité : le judéo-bolchevisme.

Tous les émigrés russes qui fuient le nouveau pouvoir emportent dans leurs bagages *Les Protocoles des sages de Sion* et le font connaître largement pour avertir le monde de la menace. Ils en distribuent ainsi des versions dactylographiées aux négociateurs du traité de Versailles de 1919 !

En 1920, un article du prestigieux quotidien britannique *The Times* s'intéresse aussi à cet ouvrage et s'inquiète des informations qu'il dévoile.

Tout est dit dans le titre de l'éditorial : « Le Péril juif, un pamphlet dérangeant ». Un complot mondial, rendez-vous compte, il faut absolument en informer les lecteurs !

La presse française renchérit, comme ici dans *Le Petit Parisien* la même année : « Le bolchevisme est une des formes du caractère russe exprimé et appliqué par l'intelligence judaïque [...]. Avec l'arrivée au pouvoir de quelques-uns d'entre eux, Israël a tout gagné. Le rêve confus de ses vieux prophètes se réalise. » Difficile de ne pas lire dans ces lignes l'influence des *Protocoles des sages de Sion* !

Beaucoup se laissent convaincre, y compris des gens pas forcément des plus extrémistes. Ainsi, Winston Churchill publie le 8 février 1920 un article dans le *Sunday Herald* intitulé « Sionisme contre bolchevisme » où il dénonce la menace d'un « État communiste à l'échelle mondiale, sous domination juive ».

Paradoxalement, ce concept du « judéobolchevisme » se forge sans faire disparaître le mythe absolument contraire du capitalisme mondial juif.

Les Protocoles des sages de Sion ne cessent en fait de se diffuser sans provoquer de réaction ; seule la presse juive le qualifie de « pot-pourri d'imbécillités malignes ». Pour beaucoup de lecteurs, et pas seulement les plus antisémites, le livre donne une clé de lecture facile pour comprendre tous les troubles mondiaux. C'est un complot prévu de longue date par les tenants d'une autre religion et qui ne cherche rien de moins qu'à leur donner le pouvoir ! Mais le livre, en dévoilant ainsi leur plan, permet de s'y opposer et de le déjouer.

L'ouvrage s'arrache donc à l'extrême droite, que ce soit en France, au Royaume-Uni ou même en Allemagne. Les rééditions s'enchaînent avec des couvertures reprenant l'iconographie classique du complot, la pieuvre ou l'araignée, et celle de l'antisémitisme, avec un Juif immense aux doigts crochus recourbés sur le monde. Le tout additionné de symboles maçonniques et de motifs ésotériques plus ou moins farfelus. Histoire de faire peur.

Et qu'importe si, dès 1921, *The Times* publie un article rectificatif intitulé « La fin des *Protocoles* », expliquant que c'est un faux et un plagiat. Telle l'hydre de la mythologie dont une nouvelle tête repousse dès qu'une autre est coupée, les réfutations et interdictions de l'ouvrage ne font qu'en accélérer la diffusion mondiale.

Dietrich Eckart et Alfred Rosenberg, deux proches d'Hitler, lui font connaître le livre dès 1919 dans une traduction allemande. Le chef du parti nazi le cite même pour la première fois en 1921 et les tracts du NSDAP en publient des extraits. Hitler y fait référence dans *Mein Kampf* quand il écrit : « *Les Protocoles des sages de Sion*, que les Juifs renient officiellement avec une telle violence, ont montré d'une façon incomparable combien toute l'existence de ce peuple repose sur un mensonge permanent. "Ce sont des faux", répète en gémissant la *Gazette de Francfort* et elle cherche à en persuader l'univers ; c'est là la meilleure preuve qu'ils sont authentiques. Ils exposent clairement et en connaissance de cause ce que beaucoup de Juifs peuvent exécuter inconsciemment. »

On le voit, que ce soit un faux ou pas n'a plus vraiment d'importance quand il s'agit de dénoncer les propos révélés dans ce livre, c'est-à-dire un complot juif mondial. Les traductions se multiplient dans les années 1920 avec des éditions en italien, en grec, en espagnol, en portugais, en hongrois...

Aux États-Unis, c'est le constructeur automobile Henry Ford, antisémite notoire, qui contribue beaucoup à faire connaître l'ouvrage. Propriétaire d'un petit journal, *The Dearborn Independent*, il y fait paraître un feuilleton, « Le Juif international », largement composé d'extraits des *Protocoles*. En 1922, ceux-ci ont déjà été vendus à un demi-million d'exemplaires rien qu'aux États-Unis et traduits en seize langues.

Parfois, les éditions s'adaptent aux situations locales. C'est le cas de l'édition argentine de 1930 qui explique que le complot juif vise à établir un État juif dans le pays.

Les moyens légaux ne suffisent pas à empêcher cette contamination mondiale. En Suisse, des associations israélites s'inquiètent de la distribution massive du texte par les nazis locaux. Elles portent plainte et un procès se tient entre 1933 et 1937. Plusieurs responsables de journaux ou de partis politiques ayant publié les *Protocoles* sont finalement condamnés, mais à des peines légères. Le juge considère en tout cas publiquement que ce livre est « un faux, un plagiat, une stupidité ridicule ».

Mais tout cela n'empêche pas sa diffusion.

La défaite nazie non plus. Après 1945, les *Protocoles* continuent de circuler dans les milieux antisémites d'extrême droite et suprémacistes blancs.

Mais, surtout, le livre connaît à partir de cette époque un renouveau dans le monde arabe. Les éditions s'y multiplient en effet après la création d'Israël en 1948. Les *Protocoles* permettent en effet de justifier les défaites des armées arabes contre Israël : elles ne pouvaient rien faire face à un complot mondial !

Progressivement, ce livre est adopté par le monde musulman comme un élément de compréhension du monde et une dénonciation de la politique israélienne. En 1987, la charte du mouvement islamiste palestinien Hamas cite les *Protocoles* pour expliquer le plan sioniste auquel il entend s'opposer. Même les dirigeants arabes laïcs n'échappent pas à cette influence. En septembre 1958, le président égyptien Gamal Abdel Nasser conseille ainsi la lecture des *Protocoles* à un journaliste en lui indiquant que trois cents sionistes dominent le continent européen.

De nos jours, l'Arabie Saoudite considère officiellement *Les Protocoles des sages de Sion* comme un « document authentique », car les événements du XXe siècle auraient illustré les faits annoncés dans l'ouvrage.

La culture populaire s'en empare aussi. Ainsi, une série télévisée égyptienne, *Le Cavalier sans monture*, diffusée à partir de 2002, utilise les *Protocoles* au cœur de son intrigue en affirmant évidemment l'authenticité du livre. Des séries syriennes et iraniennes reprennent l'idée en y ajoutant du négationnisme et des crimes rituels sur des enfants, juste au cas où il n'y aurait pas déjà assez de haine.

Malgré toutes les preuves montrant que c'est un faux et toutes les condamnations publiques, ce livre, écrit en Russie à la fin du XIXe siècle, semble donc ne jamais pouvoir disparaître. Véritable huile essentielle de complotisme, il circule contre vents et marées. Certains continuent même à y lire une dimension prophétique comme dans cette description d'une édition italienne en 2021 : « Que ce soit vrai ou faux n'a plus d'importance. [...] Quelque 120 ans plus tard, bon nombre de ces prédictions, qui étaient alors jugées fantasques, semblent s'être réalisées. »

Les tentatives d'interdiction, comme en France en 1990, ont même souvent un effet pervers en faisant connaître le livre et en renforçant les convictions conspirationnistes selon une logique implacable : si le pouvoir veut l'interdire, c'est peut-être parce qu'il dit la vérité.

Avec Internet où le complotisme prospère, l'ouvrage connaît désormais une nouvelle jeunesse. Il est devenu très facile d'en acheter un exemplaire.

Et avec l'actualité, on remet parfois une pièce dans la machine. Des complotistes ont ainsi vu dans la crise mondiale du Covid-19 l'application du projet secret. Un passage des *Protocoles* indique en effet que les Juifs, pour asseoir leur domination, comptent diffuser des maladies. Et pour « prouver » cette accusation, les lecteurs soulignent la judaïté de tel patron d'industrie pharmaceutique ou de telle ministre de la Santé.

Bref, la figure du bouc émissaire semble avoir encore de tristes jours devant elle.

16.

Le complot du 27 juin 1908 : « Elle a un drôle de goût la soupe ! »

Indochine, 1908

L'Indochine, c'est beau, mais c'est loin.

Et pourtant, ce territoire a longtemps été un élément majeur de l'empire colonial français.

La colonisation de ce que l'on appelle la péninsule indochinoise (Vietnam, Laos, Cambodge actuels) commence sous le Second Empire. À défaut de pouvoir s'implanter au Japon, quasi fermé aux Occidentaux ou en Chine, où la résistance à cette implantation est très forte, les Français lorgnent l'Asie du Sud-Est et donc le bassin du Mékong. Au moment où la France s'industrialise, il faut bien trouver des matières premières et des débouchés. C'est ainsi que s'ouvre par le sud une voie de pénétration vers la Chine et son marché de consommation.

La question religieuse fournit un prétexte idéal pour aller s'y bâtir un « balcon sur le Pacifique », comme on disait alors. Il y a en effet près de trois cent mille chrétiens en Annam et au Tonkin avec des prêtres surtout espagnols et français. La France de Napoléon III se sent progressivement responsable de leur sécurité, elle-même très aléatoire puisqu'ils sont régulièrement malmenés et que les persécutions sont nombreuses. En 1857, l'empereur d'Annam Tù Dùc fait exécuter deux missionnaires catholiques espagnols. Ce n'est ni la première ni la dernière fois, mais une occasion en or pour justifier une intervention militaire.

Celle-ci est facilitée par la présence de troupes françaises dans la région dans le cadre de la seconde guerre de l'opium. À l'époque, le Royaume-Uni a décidé d'imposer à la Chine d'acheter de l'opium, sa drogue produite dans les Indes, afin d'équilibrer sa balance commerciale avec l'empire du Milieu. La Chine, ravagée par ce fléau et hostile à cette pression militaire, a logiquement refusé et, en réponse, les Britanniques lui ont déclaré la guerre. Les Français saisissent cette occasion et viennent alors en aide aux Anglais au cas où il y aurait des avantages commerciaux, voire des territoires, à récupérer en Chine.

Ces événements en Chine permettent à la France d'être prête à agir en Indochine. C'est ainsi que l'amiral Rigault de Genouilly reçoit l'ordre d'aller y faire un tour. En 1858, il débarque avec ses hommes à Tourane avant de s'emparer de Saïgon, alors un simple petit port de pêche. En quelques années, les Français parviennent à contrôler le delta du Mékong. Paris est loin et les amiraux sur place ont une grande latitude d'action.

Ils en profitent pour accroître les territoires contrôlés à coups de batailles, de coups de force et de traités avec des pouvoirs locaux faibles et divisés. Il n'y a pas vraiment de projet d'ensemble ni de plans mûrement réfléchis. La France étend en fait son domaine colonial au gré des circonstances et des opportunités qui se présentent.

Si Napoléon III avait envisagé une simple opération commerciale, c'est bien une présence coloniale qui s'établit dans la région. Ainsi, en 1863, pour éviter au Cambodge d'être annexé par le royaume de Thaïlande voisin, la France décide d'en faire tout simplement un protectorat ! Le sud du Vietnam, que l'on appelle alors la Cochinchine, est quant à lui conquis en 1867. À la suite de plusieurs guerres d'abord contre l'empire du Vietnam puis contre la Chine, la France étend son protectorat sur le nord (le Tonkin) et le centre du pays (l'Annam).

En 1887, sous la IIIe République, l'union indochinoise est créée pour administrer tous ces territoires. Le Laos la rejoint après la guerre franco-siamoise de 1893. Quand Paul Doumer – un futur président de la République – devient proconsul général de 1897 à 1902, il métamorphose ce qui était une construction coloniale empirique en une organisation structurée. L'objectif est de transformer économiquement l'Indochine en développant les ports (pour l'exportation des matières premières), les routes et les ponts, les voies ferrées, etc. Les ressources du territoire, les minéraux, les épices, le bois, le café, le thé, le riz, le charbon et surtout l'hévéa, sont bien entendu exploitées au profit de la métropole. Pour les mettre en valeur, la main-d'œuvre est très majoritairement indochinoise. Il y a en effet peu de Français sur place à l'exception des militaires, des fonctionnaires coloniaux, des missionnaires et des entrepreneurs.

Malgré les grands discours de la IIIe République affirmant, comme ici en 1886, pratiquer « une politique d'association pour accomplir dans l'Indochine une grande œuvre de civilisation », les clivages sociaux restent très forts. Les indigènes sont aussi écartés des structures de décision. L'empereur ne joue plus qu'un rôle de figuration et le protectorat est clairement une fiction tant la France tire désormais toutes les ficelles. Le code de l'indigénat est même temporairement établi en Cochinchine au cas où les Indochinois auraient pu s'illusionner un instant sur l'égalité juridique avec les colons.

C'est donc l'ordre colonial qui s'applique. Et, comme ailleurs dans l'empire, cela ne se fait pas sans résistance. Le poids de plus en plus écrasant de la fiscalité, une corruption généralisée et la lenteur de l'alphabétisation encouragent les réactions nationalistes. Si des révoltes sporadiques éclatent en Annam, c'est surtout le Tonkin, dans le Nord, que les troupes françaises peinent à « pacifier ».

Les soldats français y traquent en effet sans relâche un ennemi aussi redoutable qu'insaisissable : Hoàng Hoa Thám, surnommé le Dê-Tham.

Paysan illettré, il commence par servir d'homme de main à différents chefs locaux. Il s'y montre particulièrement efficace et prend du galon jusqu'à devenir lieutenant puis fils adoptif du plus puissant d'entre eux. Après la prise de Hué, la capitale de l'Annam, par les Français et la fuite de l'empereur, un édit ordonne d'« aider le roi » et appelle à la révolte.

L'appel, très largement relayé, entraîne le mouvement Can Vuong et une guérilla de dix ans dans le Tonkin. À sa tête, le fameux Dê-Tham. Il ne manque pas de soldats, car il recrute de nombreux paysans dépossédés de leurs rizières par les colons et qui, forcément, ont de bonnes raisons de leur en vouloir. Fin tacticien, il emploie contre les troupes françaises de nombreuses techniques d'embuscade et de camouflage qui seront réutilisées bien plus tard par le Viet Minh. Il parvient à contrôler plusieurs régions dans le Nord.

Face à lui les Français, commandés par Lyautey ou Gallieni, appliquent la politique de la « tache d'huile ». Elle est basée sur la mise en place de postes militaires, la pacification ensuite de la zone avant d'établir de nouveaux postes en avant des premiers. Mais le contrôle du territoire reste incertain. En 1897, les Français sont contraints de signer la paix avec le Dê-Tham en lui cédant vingt-deux villages dans la région montagneuse et difficile d'accès du haut Yên-Thê. En hommage à son ardeur guerrière, les Vietnamiens le surnomment alors « le Tigre sacré de Yên-Thê ».

En 1905, il reprend les armes contre les Français. Il attise toutes les révoltes, comme celles des lettrés du pays. Les manifestations se multiplient, comme en Annam, en mars 1908, réclamant la réduction des impôts. Et, trois mois plus tard, le Dê-Tham envisage un grand coup ! Rien de moins que la prise de la capitale du Tonkin : Hanoï. Pour cela, il sait qu'il peut s'appuyer sur les tirailleurs indigènes qui en assurent la garnison. Les officiers français se sont toujours montrés méfiants à leur égard, peu convaincus de leur loyauté.

Le premier acte de l'opération consiste à empoisonner les soldats français qui gardent Hanoï. Ensuite, on s'empare de leurs canons et on tire trois coups, le signal pour que les troupes du Dê-Tham entrent dans la citadelle. Mais cela commence mal puisque, le 24 juin 1908, une lettre anonyme parvient sur le bureau du général de Nays-Candau. Elle l'informe d'un complot impliquant aussi bien des civils de Hanoï que des tirailleurs indigènes de la garnison. La méfiance s'installe, mais faute d'informations précises, les Français ne peuvent pas vraiment agir.

Trois jours plus tard, au soir, le clairon sonne l'heure du repas pour la garnison française de Hanoï, le 4e régiment d'artillerie et le 9e régiment d'infanterie coloniale. On ne sait pas si les deux cents soldats ont trouvé un drôle de goût au bouillon de légumes, mais en fin de soirée, ils se sentent mal. Certains vomissent, d'autres sont pris de délire. Le service de santé intervient aussitôt, mais sans pouvoir poser un diagnostic. S'agit-il d'une intoxication alimentaire liée à une mauvaise qualité des produits, d'un virus ou, pire, d'un empoisonnement ? Cependant, un fait intrigue. Les cuisiniers vietnamiens n'ont pas mangé cette soupe et les prisonniers, qui avaient un autre repas, n'ont pas été malades. La théorie du poison est confirmée par un prêtre qui, à cette occasion, trahit le secret de la confession. L'un des cuisiniers vietnamiens, pris de remords, lui aurait avoué avoir empoisonné le repas. En fait, avec ses complices, il a saupoudré sur les plats et la soupe destinés aux Français une poudre de *Datura dassiflorum*, une belle fleur blanche, mais surtout un poison végétal. La substance est bien connue pour ses effets toxiques et hallucinogènes. Parfois utilisée dans ce but, elle est très courante et il est donc facile de s'en procurer. Mais le *Datura* reste difficile à doser. Il provoque rarement la mort et le plus souvent entraîne des délires chez ceux qui l'ingèrent.

Les soldats français étant empoisonnés ou dans un état second, il aurait été facile de tuer les survivants et de s'emparer des armes de la garnison. Mais aucun ne meurt et, quand l'empoisonnement est confirmé, l'alerte est donnée. Le général français en poste à Hanoï proclame la loi martiale et ordonne l'arrestation de tous les comploteurs.

Attendant en vain le signal de l'assaut à l'extérieur de la ville, le Dê-Tham comprend que le plan a échoué et se retire.

Une enquête de police est ouverte pour faire toute la lumière sur le « complot des empoisonneurs ». Chez l'un d'entre eux, on trouve des tracts de la ligue Duy Tân, une organisation secrète hostile à la colonisation française et surtout un appel à l'insurrection du Dê-Tham. Tout cela confirme chez les autorités françaises le sentiment que cet empoisonnement n'est que la face émergée d'un iceberg de complots et d'intrigues à grande échelle et qui ne cherchent qu'à déstabiliser la colonie, d'autant qu'il est bientôt prouvé que des tirailleurs indigènes ont été mêlés à la tentative d'empoisonnement. Un danger majeur provenant d'unités armées et entraînées et qui représentent soixante pour cent des forces militaires d'Indochine. Personne n'a oublié la terrible révolte des cipayes dans l'Inde britannique cinquante ans auparavant.

La répression est donc à la hauteur. D'autant qu'en juillet, le Dê-Tham est de nouveau vu à proximité de Hanoï. L'affaire est grave et les Français décident de déborder le cadre du protectorat en supplantant la justice indigène. Ils créent une juridiction d'exception, la Commission criminelle du Tonkin, qui déclenche des centaines d'arrestations et ordonne treize condamnations à mort.

Si la justice rendue respecte le cadre de la justice militaire, les exécutions se font selon le rite local. Des porteurs de sentences accompagnent les condamnés et des panneaux sont ensuite plantés devant les hommes à genoux afin qu'ils puissent, jusqu'à la fin, lire la décision écrite en caractères chinois. Ils sont ensuite décapités au sabre et leur tête lancée en l'air afin de prouver à tous que la sentence a bien été exécutée. Et pour que cela serve bien d'exemple, les sentences en bois sont ensuite plantées sur les tombes.

Des lettrés ayant appelé à manifester – des « intellectuels factieux », selon les termes de la justice militaire – sont aussi condamnés pour trahison. Certains sont exécutés, les plus chanceux emprisonnés au pénitencier de Lao-Bảo et les autres, condamnés aux travaux forcés au terrible bagne de l'île de Poulo-Condor.

Enfin, la chasse est lancée contre les bandes du Dê-Tham. Elles sont poursuivies par la colonne mobile du colonel Bataille qui encercle progressivement les montagnes où le vieux chef rebelle s'est réfugié. Cho-Cho, sa capitale, est attaquée et il doit fuir dans la forêt. Les Français mettent alors sa tête à prix pour 25 000 piastres, une très belle somme. Trois Chinois, motivés par la prime, le décapitent dans son sommeil le 10 février 1913.

Considéré comme un pionnier de la lutte d'indépendance, Hoàng Hoa Thám, *alias* le Dê-Tham, est aujourd'hui célébré comme un héros national au Vietnam. Plusieurs avenues portent son nom dans le pays et sa statue se trouve dans le Yên-Thê, où le « Tigre sacré » a longtemps réussi à contenir l'expansion coloniale française.

En revanche, à l'exception de vieilles cartes postales les représentant avant et au moment de leur exécution, il ne reste aucune trace des empoisonneurs.

17.

On n'arrive pas à tuer Raspoutine !

Russie, 1916

Dans l'histoire de la Russie, il y a un personnage qui dénote, qui fascine et qui fait peur tout à la fois : Raspoutine.

Il a laissé une légende controversée, tant en Russie où on l'a successivement qualifié de « diable », de « guérisseur » ou de « prophète » qu'en Occident, où il est surtout connu par la culture populaire, que ce soit avec le tube disco de Boney M en 1978 ou plus récemment les films *Anastasia* de Disney ou *The King's Man : première mission* (où il joue les méchants).

Il faut dire que la vie comme la mort de Raspoutine sont dignes d'un roman, avec son lot de zones d'ombre !

Sa naissance même reste un mystère. Les archives de l'époque ayant été détruites en grande partie, la date de naissance de Grigori Efimovitch Raspoutine est pour tous une énigme. Si certains historiens ont pu évoquer 1864 ou 1865, on admet aujourd'hui 1869 comme une date plus raisonnable. On a longtemps cru aussi que « Raspoutine » n'était qu'un surnom qui aurait signifié « le débauché ». Il semblerait que ce soit bien son nom de famille et même un patronyme assez courant dans sa Sibérie d'origine. Une légende tenace veut également que Raspoutine soit fils de moujik, c'est-à-dire d'un paysan modeste. Mais son père possède ses terres ainsi que des animaux.

Son enfance est marquée par le drame de la perte de son frère aîné, Andreï. Alors qu'il tombe dans l'eau glacée en sa compagnie, seul Grigori parvient à survivre. Souvent malade par la suite, le cadet est regardé dans son village comme quelqu'un de différent ou d'étrange.

Le travail agricole lui laisse peu de place pour l'éducation et Raspoutine reste largement illettré. Il ne maîtrise que des rudiments de lecture et d'écriture. Jusqu'à la fin, il conserve de ses origines paysannes l'habitude des vêtements amples comme on les porte en Sibérie mais aussi des manières rudes et familières. Le travail de la terre a fortifié son corps, abîmé ses mains et buriné son visage. À l'âge adulte, il atteint ainsi une corpulence de colosse et la taille, rare à l'époque, d'un mètre quatre-vingt-treize.

Dès l'adolescence, Raspoutine manifeste des talents de guérisseur et de prophète. À seize ans, il vire au mysticisme après avoir vu, selon ses dires, la Vierge Marie et un ange lui apparaître.

Il se marie à dix-neuf ans avec Praskovia Fiodorovna, une paysanne de son village qui lui donne cinq enfants, dont trois seuls survivent. La vie de famille le tente moins que la foi et le mysticisme. Il n'hésite pas ainsi à partir six ans plus tard pour un périple spirituel qui le mènera jusqu'au mont Athos, en Grèce, soit trois mille kilomètres à pied ! Ce voyage lui fait découvrir de nombreux monastères ce qui lui permet de se mettre à niveau sur ses connaissances théologiques. Il fait même une petite escale parmi la secte des Khlysts, un groupe de croyants persuadés paradoxalement que vivre dans le péché et la débauche permet de se rapprocher de Dieu. Pour cela, ils organisent des cérémonies sous forme de danses, les hommes tournant sur eux-mêmes dans un sens et les femmes dans l'autre. Ces danses sont rythmées par des flagellations sur tout le corps ce qui amène les exaltés à la transe et même à l'extase. Les cérémonies finissent généralement en orgies. Vaste programme.

Raspoutine mène en fait une existence d'ermite itinérant que l'on appelle « *strannik* ». Il vend des amulettes, guérit à l'occasion et fait des prédications, ce qui lui assure le gîte et le couvert.

Les sources historiques s'opposent sur cette partie de sa vie, le présentant soit comme un débauché et un alcoolique, soit comme un ascète (qui mène une vie austère) fréquentant les monastères. Il est probablement les deux à la fois. En plus d'être considéré par une partie de la population comme un formidable guérisseur, Raspoutine est également connu comme le plus grand coureur de jupons qu'on ait pu croiser de l'est à l'ouest du territoire. Un exploit quand on voit la taille de la Russie sur une carte.

Bientôt, sa réputation – de guérisseur ! – commence à dépasser la simple Sibérie. L'homme intrigue et, même, fascine.

À l'automne 1903, il abandonne femme et enfants pour rejoindre la capitale, Saint-Pétersbourg. Il s'y présente comme « starets », c'est-à-dire un saint homme, un maître spirituel doué de pouvoir de guérison. La bonne société est sous le charme. Il est pittoresque avec ses origines sibériennes, sa longue barbe hirsute, son regard hypnotique et son lot d'amulettes. Il est de plus en plus invité dans les salons qui comptent et on le sollicite pour des conseils, des guérisons ou des prédictions. Au début du XXe siècle, l'occultisme est très populaire dans la bonne société et le starets sibérien apparaît comme un chaman aux pouvoirs presque magiques.

Par un jeu de rencontres, il est présenté à Anna Vyroubova, l'amie et surtout la confidente de la tsarine. Celle-ci l'invite au palais impérial de Tsarskoïe Selo où il dirige des prières et pratique des exorcismes. Il finit par rencontrer le couple impérial qui tombe, lui aussi, sous le charme du paysan sibérien.

La tsarine Alexandra Feodorovna, une anxieuse chronique, est rassurée de savoir Raspoutine, saint homme et surtout guérisseur, auprès d'elle. Elle s'inquiète en effet beaucoup pour son fils unique et l'héritier du trône, le tsarévitch Alexis, à la santé fragile. La tsarine, née Alix de Hesse-Darmstadt, a hérité de sa grand-mère, la reine Victoria, le gène de l'hémophilie. La maladie, qui empêche la coagulation du sang et entraîne des hémorragies, est transmise par les femmes mais seuls les hommes en souffrent. Le tsarévitch, né en 1904, reçoit donc le gène par sa mère et se montre dès lors un enfant fragile. On cache son état de santé et l'enfant est couvé par ses parents. Sa mère, qui se sent coupable, imagine que c'est une punition divine. Elle cherche dans la foi, voire dans le paranormal, une solution à cette maladie que les médecins d'alors ne savent pas soigner. Raspoutine sait la rassurer et parvient, visiblement, à améliorer la santé du petit garçon.

Il est le seul ainsi à soulager ses douleurs et ses hémorragies, probablement parce qu'il mise tout sur la prière en rejetant les traitements habituels à base d'aspirine, un anticoagulant qui aggrave les symptômes (ce qu'on ignorait alors).

Forcément, ça ne pouvait qu'aller mieux !

Mais la faveur reste précaire. En 1911, Piotr Stolypine, le Premier ministre de Nicolas II, met le tsar en garde contre Raspoutine. Sans que le souverain l'ait autorisé, il le fait aussi surveiller par l'Okhrana, la police secrète. Et ses rapports sont accablants sur « l'homme de Dieu » présenté comme un débauché et un alcoolique. Il est alors expulsé de la cour et envoyé à Kiev. Vengeance ou clairvoyance, il annonce la mort du Premier ministre qui survient effectivement peu après. Pour se refaire une virginité, Raspoutine part alors en pèlerinage à Jérusalem.

En octobre 1912, le petit Alexis se blesse à la jambe et l'hématome grossit de façon inquiétante. Face à l'impuissance des médecins, la tsarine est morte d'inquiétude et fait avertir Raspoutine. Celui-ci tombe en extase devant une icône de la Vierge de Kazan. Alors qu'on administre les derniers sacrements à l'enfant dont on craint pour la vie, la tsarine reçoit un télégramme du starets : « N'ayez aucune crainte. Dieu a vu vos larmes et entendu vos prières. Ne vous inquiétez plus. Le petit ne mourra pas. » Effectivement, l'hématome se résorbe et les douleurs cessent, Alexis est guéri. Pour la tsarine, c'est un miracle et Raspoutine est son sauveur. Il est rappelé au palais.

Après cet événement, Raspoutine prend un ascendant de plus en plus fort sur la tsarine. Il devient un personnage incontournable de la cour. Trois cents visiteurs viennent, chaque jour, le consulter dans son appartement du 64, rue Gorokhovaïa. Il prodigue généreusement ses séances de prières guérisseuses, surtout auprès des nobles dames qu'il soigne, dit-on, de façon très intime. Ce succès lui attire logiquement de nombreux ennemis avec tous les maris jaloux et trompés.

On murmure beaucoup contre le starets. N'est-il pas en train d'accaparer une partie du pouvoir ? N'a-t-il pas trop d'influence sur le couple impérial ? Certains racontent que Nicolas II porte un anneau contenant une de ses boucles de cheveux ! Les rumeurs sur ses débauches sexuelles sont légion tout comme les noms de ses conquêtes supposées. Jusqu'à la tsarine elle-même dont on raconte qu'elle serait décidément très proche du starets.

Face à ces menaces, Raspoutine avertit : il prédit qu'une fois lui disparu, la catastrophe s'abattra sur la Russie. Et alors que la guerre menace, il se montre profondément pacifiste. Il encourage Nicolas II à ne pas entrer dans le conflit tant il sent que celui-ci sera fatal aux Romanov.

La Russie déclare cependant la guerre à l'Allemagne en 1914 et Nicolas II quitte le palais afin de soutenir les troupes russes sur le front. Il confie alors la gestion du pays à son épouse et… à Raspoutine.

Celui-ci prodigue ses conseils dans tous les domaines et souffle de plus en plus de noms à la tsarine. On estime qu'en 1916, un tiers des évêques sont des proches et des fidèles de Raspoutine. Mais alors que les revers militaires se multiplient, Raspoutine cristallise de plus en plus d'opposition. À la Douma, le parlement russe, on l'accuse ouvertement d'être un espion de l'Allemagne. Une accusation qui cible aussi la tsarine, d'origine allemande.

La pression augmente donc sur le mystique et ses ennemis se font de plus en plus vindicatifs. Hommes politiques, militaires, Église orthodoxe, tout ce petit monde semble lassé par le comportement du nouveau régent. Le climat en Russie devient pesant. Les émeutes se multiplient et l'on parle ouvertement contre le tsar. Nicolas II ne cesse de recevoir des conseils lui suggérant d'exiler le mystique en Sibérie.

D'autres ont des idées plus radicales encore : sauver la sainte Russie de cette force du mal en s'en débarrassant de façon violente.

Un complot se met en place autour du prince Félix Youssoupov qui a épousé une nièce du tsar. Réputé être « le plus bel homme de tout l'empire » et surtout le plus riche, inquiet et jaloux de l'influence de Raspoutine auprès du couple impérial, il a aussi de bonnes raisons de lui en vouloir : son père, le gouverneur général de Moscou, a été brutalement limogé en 1915 et sa mère exclue de la cour après avoir insisté auprès de la tsarine pour qu'elle renvoie le moine. Youssoupov est probablement l'amant du second conjuré, le grand duc Dimitri Pavlovitch, cousin du tsar. À ces deux hommes s'ajoute Vladimir Pourichkevitch, un député d'extrême droite influent à la Douma et qui n'apprécie pas que Raspoutine dénonce les violences antisémites. Enfin, Soukhotine, un officier, et un médecin militaire, le docteur Lazovert, complètent le quintet. Ce dernier fournit le cyanure puisqu'il s'agit en effet d'empoisonner Raspoutine. Pour cela, Youssoupov qui s'est rapproché depuis quelque temps du starets, l'invite le soir du 17 décembre 1916 dans son palais de Saint-Pétersbourg. Officiellement, c'est pour lui présenter son épouse, la belle princesse Irène Alexandrovna que Raspoutine a souhaité, à plusieurs reprises, rencontrer. Mais il ignore que ce soir-là, elle est en villégiature en Crimée, bien loin de son palais.

Le piège se referme sur lui quand il arrive, frétillant et pensant passer une excellente soirée, chez Youssoupov. Celui-ci se montre très cordial et le prie d'attendre l'arrivée de la princesse retenue par des invités. Une musique joue à l'étage et on a laissé traîner des restes de repas pour endormir la méfiance de Raspoutine. Youssoupov lui propose, pour patienter, de déguster de délicieux gâteaux… au cyanure. Pour les faire passer, de l'alcool dans des verres dont le bord est aussi recouvert de poison. Raspoutine est ravi, engloutit les gâteaux, boit plus que nécessaire. Youssoupov le scrute et ne voit aucun malaise ni faiblesse. Le moine, ayant vu une guitare dans un coin de la pièce, demande au prince de tuer le temps en jouant un peu de musique. Finalement, agacé que la mort n'arrive pas, Youssoupov décide d'accélérer les choses. Il prend le revolver du grand duc Pavlovitch et tire à bout portant, touchant Raspoutine en pleine poitrine. Celui-ci s'écroule sur une peau d'ours. Les autres conjurés, ayant entendu le coup de feu, rappliquent et découvrent le cadavre. Le docteur l'inspecte et il est formel, le moine ne respire plus. Raspoutine est mort.

Dans ses mémoires, Youssopov raconte qu'après être monté à l'étage avec ces conjurés, il est pris d'un doute. Il redescend pour bien s'assurer que le moine est bien mort. Il s'approche du cadavre, se penche vers lui et constate que ses yeux bougent ! Son regard le fixe. Puis l'homme se redresse d'un coup et se met à l'étrangler tout en criant son prénom. Youssoupov, pris de panique, se débat et, après avoir lutté avec Raspoutine, s'enfuit. Il alerte le grand duc Dimitri et les deux hommes reviennent, chacun armé d'un pistolet. Entre-temps Raspoutine, qui a rampé jusqu'à la porte, a réussi à sortir du palais. Une course s'engage alors. Pourichkevitch lui tire dessus à deux reprises mais sans succès. Le moine marche toujours. Aux troisième et quatrième tirs, Raspoutine s'effondre enfin dans la neige. On l'enroule alors dans des rideaux avant de le jeter dans les eaux glacées de la Neva.

Son corps est retrouvé deux jours plus tard dans le fleuve, visiblement passé à tabac puis criblé de balles dans le cou, le cœur et la tête. Selon la légende, l'autopsie révèle que la cause de la mort est vraisemblablement le froid et la noyade car les blessures que Raspoutine a reçues ne lui auraient pas été fatales !

Difficile de distinguer ce qui relève du mythe et de la vérité historique dans cet assassinat. Il est probable que Youssopov en ait un peu rajouté dans ses mémoires afin de faire passer Raspoutine pour une créature satanique, impossible à tuer. La fille de Raspoutine a aussi émis des doutes sur le poison : son père n'aurait pas pu manger les gâteaux au cyanure puisqu'il ne mangeait jamais de sucreries. Une hypothèse récente avance que l'exécution de Raspoutine aurait été le fait des services secrets britanniques afin d'éviter que le tsar, sous influence du starets, ne se retire de la guerre. Oswald Rayner, un ami d'enfance du prince, aurait participé à la funeste soirée et, bon tireur, aurait logé la dernière balle, mortelle, dans le front du moine.

Faute d'archives incontestables, il reste difficile de trancher entre toutes ces pistes. Une chose est sûre : l'assassinat de Raspoutine a été sans nul doute rocambolesque et ses conséquences, terribles.

Pour la famille impériale, dont un des membres est lié à l'assassinat, le discrédit est total. L'impératrice exige que les conjurés soient exécutés. Nicolas II se contente de les exiler. Youssopov part dans ses terres loin de la capitale, le duc Dimitri est envoyé à l'armée. Le peuple acclame pourtant leur geste et le tsar perd le peu de crédit qu'il conservait encore. La révolution gronde, elle éclate trois mois plus tard. Nicolas II est contraint d'abdiquer. Il est massacré avec toute sa famille les 16 et

17 juillet 1918 alors que le pays sombre dans la guerre civile.

Étrangement, Raspoutine l'aurait prédit : « Je mourrai dans des souffrances atroces. Après ma mort, mon corps n'aura point de repos. Puis tu perdras ta couronne. Toi et ton fils vous serez massacrés ainsi que toute la famille. Après, le déluge terrible passera sur la Russie. Et elle tombera entre les mains du diable. »

La tombe du starets, considéré comme un symbole honni de l'époque impériale, est profanée par les bolcheviques. Ils brûlent son corps et dispersent les cendres au vent.

Quant au prince Youssopov, son exil lui a finalement sauvé la vie pendant la révolution. Réfugié à Paris, il découvre un jour qu'à proximité de son logement, un cabaret russe s'est ouvert. Tenu par des Russes blancs qui ont fui comme lui la révolution, il porte le nom de… Raspoutine ! Même après sa mort, le starets continue ainsi de le poursuivre.

18.

L'opération « Walkyrie » : quand on rate Hitler de peu

Allemagne, 1944

Le complot revêt bien des formes et peut être à la fois arme et bouclier pour celui qui sait le manier. L'avènement au pouvoir d'Hitler et son maintien à la tête du Troisième Reich en est sûrement un bel exemple tant il y a de complots qui se trament en tous sens.

Dès son arrivée à la Chancellerie le 30 janvier 1933, Hitler s'emploie à supprimer tout discours alternatif à celui du nazisme. Il a recours pour cela à toutes les fourberies, y compris le complot et la falsification. Une méthode employée par la plupart des dictatures, rien de très original me direz-vous.

L'exemple emblématique qui illustre cette volonté de contrôle est celui de l'incendie du Reichstag, le Parlement allemand, dans la nuit du 27 au 28 février 1933. Les circonstances du drame sont encore floues aujourd'hui, mais dès le lendemain, les nazis affirment qu'il s'agit d'un complot communiste. L'information est relayée dans les médias et aussitôt Adolphe Hitler présente à Paul von Hindenburg, le président du Reich, un décret visant à réduire les libertés individuelles et celle de la presse, dans le but officiel d'empêcher les violences organisées par les communistes. Dès 1933, le procès de Leipzig se tient pour établir la culpabilité de cinq accusés. La thèse du complot communiste est écartée par la justice qui ne condamne qu'un seul des protagonistes à mort, un jeune communiste hollandais nommé Marinus van der Lubbe. Si les historiens débattent toujours pour savoir s'il s'agit d'un acte isolé, l'hypothèse la plus communément admise aujourd'hui serait que des hommes de main des nazis auraient mis le feu au bâtiment, à la suite de quoi ils auraient manipulé le jeune Marinus qui deviendra le bouc émissaire idéal.

Malgré le désaveu du procès, Hitler réussit tout de même à faire d'une pierre deux coups : le Parti communiste allemand, le plus farouche adversaire du parti nazi, est interdit, et le climat de peur sur fond de terrorisme est une merveilleuse occasion de supprimer les libertés individuelles. En prenant prétexte de garantir la sécurité des Allemands, Hitler interdit la liberté d'expression, de la presse, de réunion, autorise les arrestations et perquisitions sans motif. Les mois qui suivent, Hitler poursuit son programme. Le parti nazi devient le seul autorisé en Allemagne, les journaux publient uniquement les textes approuvés par le gouvernement et des images du chef en position de force, les Juifs sont fortement persécutés, on lave le cerveau des enfants dans les rangs des Jeunesses hitlériennes, etc. Plus aucune voix ne doit s'élever contre l'État hitlérien. Le discours d'Hitler devient le seul possible et tout ce qui peut représenter une menace pour son pouvoir doit être éliminé.

Comme lors de la nuit des Longs Couteaux. Avant d'accéder au pouvoir en 1933, Hitler a dû préparer le terrain en éliminant quelques adversaires gênants qui pouvaient exercer une influence négative sur son image auprès de l'opinion publique. Avec l'aide de la Sturmabteilung, une organisation paramilitaire au sein même du parti nazi que l'on peut traduire par « Section d'assaut », il ordonne quelques assassinats et maintient un climat de terreur qui empêche ces opposants de trop s'exprimer. Cette section d'assaut, les SA, joue clairement un grand rôle dans l'accession au pouvoir d'Hitler. Dès lors, Hitler craint que ce parti dans le parti ne prenne son indépendance et ne contrecarre ses projets. Dans la nuit du 29 au 30 juin 1934, il met en application un plan qu'il a monté de toutes pièces avec ses camarades Himmler et Göring. Dans toute l'Allemagne, des descentes sont effectuées chez des centaines de membres des SA qui sont exécutés sans autre forme de procès. Hitler lui-même entre arme au poing dans la chambre d'Ernst Röhm, le chef des SA, pour lui confirmer son arrestation avant de le faire exécuter le lendemain. Dans la presse, on raconte alors que les SA préparaient un coup d'État et projetaient de tuer Hitler. On accuse au passage Ernst Röhm d'être un homosexuel, pour enfoncer le clou. L'opération est un véritable succès qui sera salué par quelques journaux et officiels. Elle marque une nouvelle étape vers le contrôle total du pouvoir par Hitler et lui permet d'annihiler toutes les petites oppositions qui craignent pour leur sécurité. Un mois plus tard, suite à la mort de Hindenburg, le président de la République, Hitler prend le pouvoir absolu.

Au plus haut niveau de l'État, on n'ose généralement plus avouer au Führer que ses décisions sont parfois mauvaises, ce qui donnera des situations délicates pendant la guerre car les généraux préféreront souvent conforter Hitler dans ses choix. Et cette violence, cette obsession de la répression et du contrôle, porte ses fruits pour le régime en trouvant un large écho dans la population. Cependant elle rencontre une résistance, certes minoritaire, qui fera parler d'elle. Dès 1938, plusieurs tentatives d'assassinat du chancelier allemand échouent pour diverses raisons : Hitler qui change ses plans au dernier moment, un conjuré qui se dégonfle, un mécanisme mortel qui ne se déclenche pas…

Le 8 novembre 1939, un militant communiste, Georg Elser, passe pourtant tout près du but. L'attaque de la Pologne, lancée quelque temps plus tôt, l'a convaincu de passer à l'acte pour que la guerre cesse. Chaque année, Hitler se rend le 8 novembre dans la brasserie Bürgerbräukeller, à Munich, en souvenir de son putsch (raté) en Bavière en 1923. Un échec qui l'a envoyé treize mois en prison pendant lesquels il rédige son célèbre *Mein Kampf*.

Elser sait donc que le Führer doit prendre la parole en public à cette occasion et fabrique une bombe en utilisant ses talents d'horloger. La charge est placée dans un pilier de la brasserie, cent quarante heures avant son explosion. Le plan est minutieusement préparé un an auparavant et la détonation doit avoir lieu en plein milieu du discours, qui dure habituellement deux à trois heures.

Hitler et tout le gratin des responsables nazis, dont Himmler et Goebbels, se mettent en place vers 20 heures, tout comme les milliers de sympathisants venus assister à l'événement. Mais, malheureusement pour Elser, un brouillard épais a recouvert les environs avant l'allocution d'Hitler, qui devait repartir en avion. Son discours est donc raccourci afin qu'il puisse prendre un train à destination de Berlin et il repart peu avant 21 heures. La salle se vide progressivement et l'explosion se déclenche vingt minutes plus tard, tuant huit personnes et en blessant des dizaines d'autres.

Hitler, lui, est sauf. Georg Elser est par la suite emprisonné et sera exécuté bien des années plus tard, en 1944, dans le camp de concentration de Dachau. Il s'agit sûrement ici d'une des tentatives les plus abouties, et des plus précoces dans le tumulte de la guerre, pour mettre fin aux agissements d'Adolf Hitler. Néanmoins, l'initiative d'Elser reste celle d'un opposant politique qui agit ici seul.

Or, si Hitler dirige d'une main de fer l'Allemagne, certains hauts gradés ne voient pas les choses sous le même angle que lui. Le général allemand Hans Oster livre par exemple à plusieurs reprises de précieuses informations aux Alliés et tente même de faire assassiner Hitler à Paris dès juin 1940. Si ces oppositions restent marginales, elles se fédèrent néanmoins de plus en plus autour de projets visant directement à nuire à Hitler.

En 1943, la situation militaire de l'Allemagne nazie commence sérieusement à se compliquer et des officiers allemands doutent de la victoire et de leur Führer. Certains pensent que l'Allemagne a commis une erreur en annexant les territoires conquis, d'autres murmurent qu'Hitler a perdu la raison, d'autres enfin ont compris que la défaite était inéluctable. Le moment est idéal pour tenter de fédérer des opposants en vue d'un nouvel attentat.

Un officier de la Wehrmacht, Fabian von Schlabrendorff, opposé aux nazis depuis le milieu des années 1930, met ainsi sur pied l'opération « Flash » qui consiste à embarquer de fausses bouteilles de cognac remplies d'explosif à bord d'un avion que doit prendre le Führer. L'opération est un échec car le dispositif ne se déclenche pas. Mais elle regroupe plusieurs protagonistes qui se retrouveront dans l'ultime et dernier complot contre Hitler : l'opération « Walkyrie ».

La figure de proue de ce complot de la dernière chance, c'est Claus von Stauffenberg, incarné bien des années plus tard à l'écran par Tom Cruise dans le film *Walkyrie*. Il a combattu sur le front de l'Est et il est revenu horrifié par ce qu'il a vu : les crimes commis par les SS et la Wehrmacht, les massacres, les déportations, etc. Il pense donc qu'il faut sauver ce qui peut l'être de l'Allemagne et préserver son pays de la ruine totale qui s'annonce. Et pour cela, il arrive à une conclusion : il faut tuer Hitler. Pas une mince affaire !

Stauffenberg, qui a perdu en Afrique du Nord sa main droite, deux doigts à la gauche et un œil, ne peut plus servir au front. Ça lui laisse du temps pour se mettre en contact avec d'autres officiers et des opposants qui essayent de résister au régime nazi. Ils mettent progressivement en place un plan sous le nom de code « Opération Walkyrie ». Que l'on soit pour ou contre le Führer, Wagner et la mythologie nordique ont toujours du succès chez les Allemands de l'époque.

Le but désormais n'est pas seulement de tuer Hitler mais d'opérer un véritable coup d'État qui permettra de rétablir un État démocratique allemand et de négocier la paix avec les Anglo-Saxons pour pouvoir mieux contenir à l'Est les Soviétiques. Après avoir assassiné Hitler, il est prévu d'accuser les soutiens les plus proches du Führer pour les faire arrêter, tout en pilotant l'armée allemande en leur envoyant des ordres *via* les officiers impliqués dans le complot. Le futur gouvernement qui prendra le pouvoir est déjà prêt, Stauffenberg prenant le rôle du secrétaire d'État au sein du ministère de la défense.

Rapidement, il prend la direction de cette conjuration. Une occasion s'offre bientôt à lui car il devient le chef d'état-major du général Fromm, le chef de l'armée de l'intérieur. À ce titre, il peut accéder à un espace hautement sécurisé, la « Tanière du Loup », un blockhaus en Pologne qui sert de quartier général à Hitler.

Il ne reste plus qu'à coordonner l'attentat contre Hitler et le coup d'État qui permettra simultanément d'arrêter toutes les personnes qui pourraient nuire au bon fonctionnement du plan. La partie concernant l'assassinat est relativement simple : poser une bombe sous la table d'Hitler et tout faire sauter : la tanière, le loup et tout ce qui se trouve autour ! Dans l'idéal, les comploteurs espèrent pouvoir tuer Hitler et l'un de ses proches politiques dans la même opération. Par deux fois l'attentat est repoussé.

Le 20 juillet 1944, Stauffenberg se rend à une réunion en comité restreint où Hitler sera présent. Dans sa main métallique, il tient une petite valise contenant une bombe qu'il a amorcée. Il demande à être placé non loin de sa cible en prétextant mal entendre ce qui se dit mais est repoussé un peu plus loin. Il dépose la valise à ses pieds, puis prend excuse d'un appel à donner pour sortir de la pièce. Manque de chance, un officier, gêné par la valise à ses pieds la déplace légèrement, l'éloignant d'Adolf Hitler. La bombe explose alors dans un vacarme assourdissant.

Tandis que Stauffenberg creuse la distance avec le bunker, il entend la détonation et est alors persuadé qu'Hitler n'est plus en vie. Il rejoint rapidement un avion qui l'attendait et arrive dans l'après-midi à Berlin pour la suite du plan « Walkyrie ». Avec ses complices militaires, il lance à la radio un message annonçant la mort du Führer et décrète la loi martiale et le renversement du régime.

Alors que le plan semble se dérouler à merveille, un coup de tonnerre ébranle les convictions des conjurés : Goebbels et Himmler annoncent la nouvelle qu'on a voulu tuer le Führer ! Quatre personnes ont en effet péri lors de l'explosion, mais Hitler, lui, est bien vivant ! Tous les ordres sont annulés et la SS intervient. Le commandant Remer, chef du régiment de la Garde, sur lequel les conjurés comptaient pour s'emparer des ministères, change de camp. Entre-temps, Hitler l'a nommé colonel et lui a demandé de s'emparer de tous les comploteurs. Il arrête donc Stauffenberg et trois autres officiers qui sont fusillés le soir même dans la cour du ministère de la Guerre.

Le lendemain, dans un discours radiodiffusé, Hitler dénonce la « clique d'officiers d'une stupidité criminelle » qui a tenté de le tuer. La répression qui s'abat est impitoyable. Menée par la SS et la Gestapo, elle vise particulièrement l'armée. Des officiers impliqués dans le complot sont fusillés, étranglés, pendus à des crocs de boucher. D'autres préfèrent se suicider. Tresckow, un des organisateurs de l'opération « Walkyrie », se fait sauter avec une grenade. Même le maréchal Rommel est contraint de recourir au poison pour préserver son honneur. Les familles des conjurateurs ne sont pas épargnées. La femme enceinte de Stauffenberg est déportée à Ravensbrück et leurs quatre enfants, envoyés dans des orphelinats. Plus de sept mille personnes plus ou moins liées au complot et à la résistance sont arrêtées dans les semaines qui suivent, très souvent torturées et jugées après un simulacre de procès. Cinq mille auraient été exécutées, le plus souvent par pendaison. La SS s'impose au sein de l'armée dont elle prend le contrôle.

C'est tout le paradoxe de ce complot mené par des officiers courageux, prêts à prendre tous les risques pour tuer Hitler : leur échec renforce l'obstination du Führer et rend finalement l'armée allemande plus endoctrinée encore.

19.

Le maccarthysme ou la paranoïa communiste aux États-Unis

États-Unis, années 1950

Agiter la peur et faire croire à un complot peut être une arme puissante dans les mains d'hommes politiques médiocres et en mal de reconnaissance.

L'exemple du sénateur McCarthy l'illustre parfaitement.

Les États-Unis, où l'histoire qui suit se déroule, connaissent dès la fin des années 1930 une vague de paranoïa. On redoute alors l'ennemi intérieur, celui qui pourrait saboter l'industrie de guerre, transmettre des informations à des puissances hostiles ou contribuer par son action à fragiliser le pays. Dans un contexte mondial de menaces militaires, la Chambre des représentants crée en 1938 une commission chargée d'enquêter sur les activités anti-américaines. Elle s'appelle la HUAC, « House Committee on Un-American Activities », et elle est chargée de combattre les influences totalitaires, donc nazies, fascistes et communistes, aux États-Unis. Dans les faits, cette commission est rapidement appelée

« Dies », du nom de son président, et s'intéresse surtout aux Allemands et aux Japonais vivant aux États-Unis. Elle ne néglige pas cependant de potentielles infiltrations communistes et enquête surtout après dénonciations. La célèbre dramaturge Hallie Flanagan est ainsi interrogée par la commission qui suspecte que le projet « théâtre fédéral », mis en place dans le cadre du New Deal pour développer le théâtre dans le pays, soit dirigé en sous-main par les communistes. La suspicion se mêle alors à l'incompétence de la HUAC. Un membre de la commission demande ainsi si Christopher Marlowe, auteur d'une des pièces retenues dans le cadre de ce projet, ne serait pas communiste. Or Christopher Marlowe est un célèbre dramaturge du… XVIe siècle !

L'activité de la HUAC reste peu importante pendant la guerre, probablement parce qu'à ce moment-là, les États-Unis ont d'autres chats à fouetter et que l'URSS devient une alliée.

Mais tout change en 1946.

La guerre froide s'installe et le président Truman comprend que la menace est désormais soviétique avec sa cinquième colonne, le Parti communiste. Ce dernier n'a jamais été important aux États-Unis et ne compte à son apogée, en 1939, que cinquante mille membres.

Mais pour le président Harry Truman, hors de question de laisser ses membres aux États-Unis diffuser leur idéologie pernicieuse dans le pays.

Le 25 novembre 1946, par le décret 9835 également connu sous le nom de « Loyalty Order », Truman met en place une commission temporaire afin de s'assurer de la loyauté des fonctionnaires fédéraux. À ses yeux, les partisans du totalitarisme et surtout les sympathisants communistes ne sont que des traîtres à la nation et ne peuvent rester au sein de l'État américain, c'est-à-dire au service du pouvoir fédéral. Cette commission établit la notion de « *security risks* », c'est-à-dire le profil de fonctionnaires jugés dangereux pour la sûreté nationale. Toutes les administrations reçoivent l'ordre d'interroger leurs employés et de renvoyer ceux qui correspondent à ce critère. Pour les aider, l'Attorney General, l'équivalent du garde des Sceaux, définit une liste d'organisations dangereuses. Le FBI fournit généreusement tous les renseignements nécessaires sur leurs membres. À partir de 1951, la procédure est simplifiée : les preuves ne sont plus nécessaires, le doute suffit pour renvoyer le fonctionnaire. De 1947 à 1954, 1 054 fonctionnaires sont révoqués et plusieurs milliers d'autres, forcés à la démission. En réalité, nombre d'entre eux ne sont pas évincés pour être ou avoir été communistes, beaucoup le sont pour « immoralité sexuelle », homosexualité ou consommation de drogue. Une réalité bien loin d'un noyautage sciemment organisé par l'URSS.

Parallèlement, la HUAC ne reste pas inactive et trouve un bon moyen pour faire parler d'elle : faire le ménage dans le milieu du cinéma. Après tout, quelle meilleure arme de propagande pour les communistes que de contrôler Hollywood ? Ils pourraient facilement orienter les opinions publiques grâce aux films produits.

À partir de 1947, la HUAC déclenche donc une enquête et convoque à tour de bras producteurs, réalisateurs, acteurs et même scénaristes. Commence alors ce qu'on va appeler « la chasse aux sorcières » qui n'a qu'un seul but : prouver l'infiltration d'idées communistes dans les studios de cinéma. Toutes les grandes stars de l'époque défilent devant la commission. Walt Disney n'hésite pas à dénoncer comme communistes des anciens employés qui voulaient simplement créer un syndicat. La mère de Ginger Rogers affirme qu'elle se montre toujours très prudente sur les rôles proposés à sa fille. Gary Cooper jure qu'il a déjà refusé des scénarios aux idées communistes sans parvenir cependant à se rappeler les titres ni même les auteurs. Adolphe Menjou, un acteur spécialisé dans les rôles de Français, se proclame « le spécialiste hollywoodien du communisme » et enchaîne les tirades d'un anticommunisme puissant. Elia Kazan, alors un metteur en scène très en vue, demande à témoigner et n'hésite pas à livrer le nom de ses anciens amis communistes afin de sauver sa carrière. Ronald Reagan, le futur président des États-Unis, qui est alors le président du syndicat des acteurs, fournit au FBI les noms de ceux qu'il soupçonne être des sympathisants communistes. Des listes noires se constituent ainsi, de personnes suspectées d'être proches des idées communistes, progressistes ou même vaguement de gauche. Les studios refusent dès lors de les embaucher et elles deviennent les moutons noirs de la profession.

Tous ne jouent pas le jeu cependant. Pour fuir ce climat délétère, certains préfèrent s'exiler. Pressé de s'expliquer devant la HUAC pour son militantisme pacifiste et ses amitiés avec des communistes, Charlie Chaplin décide de quitter les États-Unis en 1952. Le dramaturge allemand Bertolt Brecht, qui avait fui le nazisme dans les années 1930, s'envole pour Paris le lendemain de son audition devant la commission. Orson Welles quitte aussi les États-Unis.

D'autres s'opposent frontalement à la commission. Ainsi, Humphrey Bogart, Judy Garland, Gene Kelly, Frank Sinatra et bien d'autres refusent de venir à l'audience et créent le Comité pour le premier amendement (qui garantit la liberté de pensée) pour protester contre toute cette enquête.

Finalement, la HUAC annonce une liste d'une quinzaine de personnalités du monde du cinéma qui sont suspectées d'avoir été ou d'être toujours membres du Parti communiste. Dix d'entre elles, les « dix d'Hollywood » comme on va les appeler par la suite, refusent de dire au nom du cinquième amendement si oui ou non ils ont bien été ou s'ils sont encore membres du Parti. Cet amendement permet en effet de garder le silence en cas d'accusation. Peu sensible à ces arguments, la HUAC transmet leur dossier aux autorités judiciaires qui les condamnent à des peines de prison.

Reste qu'en 1948, le bilan de la commission est plutôt mince et les révélations, peu nombreuses. Pourtant, la « peur rouge », comme on appelle cette paranoïa du communisme, atteint en 1949 des niveaux proches de l'hystérie. Cette année-là, l'URSS fait exploser sa bombe atomique et la Chine bascule dans le communisme avec la prise de pouvoir de Mao Zedong.

Comme l'écrit Hannah Harendt, qui vit alors aux États-Unis, dans une lettre à un ami philosophe allemand : « La chasse aux rouges est en marche. » Elle ne croit pas si bien dire.

En janvier 1950, Alger Hiss, un ancien étudiant de Harvard devenu un diplomate de premier rang, est condamné par la justice. Il est soupçonné d'espionnage au profit de Moscou. Imaginez un peu : un agent soviétique aurait agi au sein même du département d'État ! Cela semble justifier toutes les craintes. Lors de la commission d'enquête, un jeune sénateur de Californie se distingue et joue un rôle majeur dans les investigations. Il s'appelle Richard Nixon et deviendra plus tard président des États-Unis. Le dossier est largement à charge et Alger Hiss ne cesse, en vain, de proclamer son innocence. Les faits d'espionnage pour lesquels l'homme est accusé ayant dépassé les délais de prescription, il est tout de même condamné pour faux témoignage et sera marqué toute sa vie par le soupçon.

Un scandale n'arrivant jamais seul, quelques jours plus tard, on arrête Klaus Fuchs, un physicien nucléaire britannique qui a participé au projet Manhattan, à la base de l'arme atomique américaine. Il aurait communiqué aux Soviétiques rien de moins que les secrets de l'arme nucléaire !

Dix-neuf jours après la condamnation d'Alger Hiss, le 9 février 1950, dans la petite ville de Wheeling en Virginie-Occidentale, le sénateur républicain Joseph McCarthy s'apprête à faire un discours. Cet obscur homme politique, à la carrière politique sans éclat, a été invité par le club des femmes républicaines de la ville à l'occasion de l'anniversaire de la naissance de Lincoln. Bon vivant, il est d'un naturel sympathique et jovial. Ambitieux sans vraiment en avoir les moyens ni les compétences, il est aussi un grand buveur et un politicien souvent retors. C'est un homme complexe mais qui vient de trouver un moyen d'être enfin dans la lumière.

Les femmes républicaines qui l'ont invité à leur petite fête ignorent certainement que ce discours va avoir un tel impact sur la société américaine. D'emblée, McCarthy refroidit l'assistance. La guerre froide est là et le communisme, notre ennemi, ne cesse d'étendre ses ramifications. Et cela s'explique par la présence de traîtres au sein même du ministère chargé de la politique étrangère de la nation ! McCarthy agite alors un papier devant son auditoire médusé : « Je ne vais pas perdre mon temps à nommer tous ceux qui, au département d'État, sont membres du Parti communiste ou appartiennent à un réseau d'espionnage. J'ai entre mes mains une liste de 205 noms, qui a été portée à la connaissance du secrétaire d'État. Et pourtant, ils travaillent encore au département d'État ; ils élaborent encore sa ligne politique. »

Stupeur dans l'assistance ! Alger Hiss ne serait donc pas le seul. Le noyautage serait plus général et, surtout, plus grave encore. Les institutions fédérales seraient largement gangrenées par des agents communistes qui œuvreraient à les détruire de l'intérieur ! À vrai dire, on ne sait pas exactement combien ils sont. Les témoignages sur ce fameux discours sont assez divergents, il n'existe plus d'enregistrement puisqu'il a été effacé par erreur et McCarthy lui-même, selon son auditoire, varie sur le nombre d'espions soviétiques, en annonçant entre 57 et 205. D'où sort-il ces chiffres ? Une simple soustraction en fait. Lors des enquêtes de loyauté demandées par Truman, 284 dossiers ont été examinés pour le secrétariat d'État et 79 fonctionnaires ont été révoqués ou forcés à la démission. Restent 205 « suspects » et donc... communistes ! La même stratégie s'applique aux « 57 », en 1948, après un nouvel examen des fonctionnaires du département d'État. Bref, selon McCarthy, il y a plus qu'anguille sous roche et il doit dénoncer haut et fort cette situation pour protéger le pays.

Cette stratégie paye politiquement puisque la presse reprend ses avertissements et, rapidement, tout le pays connaît le sénateur McCarthy.

L'actualité semble d'ailleurs illustrer ses propos.

En juin 1950 commence la guerre de Corée qui montre, une fois de plus, la volonté du communisme de s'étendre, y compris par l'agression militaire. Les États-Unis entrent en guerre et, dans le cadre d'une opération décidée à l'ONU, envoient des troupes en soutien à la Corée du Sud. La guerre accentue les tensions et l'hystérie anticommuniste.

Un mois plus tard, Julius et Ethel Rosenberg, un couple de New-Yorkais, sont arrêtés. On les accuse d'être des espions au profit de l'URSS et d'avoir fourni, eux aussi, des secrets sur l'arme atomique. Ils sont condamnés à mort en avril 1951 et exécutés le 19 juin 1953 malgré une campagne internationale en leur faveur. La culpabilité de Julius est maintenant établie mais à un degré bien moindre qu'on l'imaginait à l'époque ; quant à sa femme, Ethel, elle n'aurait été qu'une simple auxiliaire.

Mais l'heure n'est plus à la clémence et à la modération. Surtout depuis que les Républicains contrôlent les deux chambres du Congrès et qu'un des leurs, Dwight Eisenhower, a été élu président. Ce dernier n'aime pas McCarthy. Mais il sent bien que l'opinion soutient le sénateur. Celui-ci obtient donc des commissions d'enquête au Sénat et lance des investigations sur les institutions gouvernementales. Pour charger les dossiers, quand l'accusation de communisme ne suffit plus, on ajoute celle d'homosexualité, considérée comme « anti-américaine ». C'est le célèbre « maccarthysme », aussi appelé « chasse aux sorcières ».

Dans un climat atroce, le soupçon et l'accusation deviennent des sports nationaux. Partout, au niveau fédéral, dans chaque État, des listes noires circulent avec des personnes à licencier et à ne surtout pas réembaucher. On les complète avec des listes grises des gens douteux. Aucune entreprise ne souhaite compter de communistes dans ses rangs. Les écrivains, les enseignants, les acteurs, tous tremblent qu'on les accuse d'être communistes ou simples « compagnons de route ». Toute parole de gauche, favorable aux droits civiques, critique sur la chasse aux sorcières ou même trop modérée, devient un motif de suspicion. La peur généralisée et la délation sont alors souvent un moyen de défense. Des millions d'Américains subissent ainsi des enquêtes judiciaires et policières.

Mais les frictions entre McCarthy et la Maison-Blanche deviennent incessantes, d'autant que le sénateur se laisse griser et accuse à tour de bras, y compris au plus haut niveau. Il reproche ainsi à George Foster Marshall, secrétaire d'État de 1947 à 1949 et responsable du plan du même nom, d'avoir été faible face au communisme. McCarthy va trop loin quand il se met à accuser aussi l'armée.

Ni Eisenhower ni les Républicains n'ont besoin de lui désormais pour obtenir un pouvoir politique qu'ils détiennent maintenant à tous les niveaux, Congrès et présidence. Staline est mort en 1953 et la guerre de Corée s'est terminée. La peur du communisme retombe. Il est donc temps de siffler la fin de la partie. Le 2 décembre 1954, le Sénat adresse un blâme à McCarthy. Lâché par tous, sa carrière politique est terminée et il meurt trois ans plus tard, aigri et dévoré par l'alcool.

20.

L'opération « Ajax » : un coup d'État pour du pétrole

Iran, 1953

Mohammad Mossadegh doit se sentir bien seul alors qu'il grimpe péniblement à l'échelle afin d'échapper aux bombes qui s'abattent sur sa résidence. Le vieux Premier ministre ressent probablement dans cette aventure le poids de ses soixante-treize ans.

Les armes qui l'ont chassé du pouvoir ne sont pas britanniques mais elles le pourraient, tant le Royaume-Uni a joué un rôle majeur dans toute cette histoire.

Cela fait plus de cinquante ans déjà que Londres s'intéresse à l'Iran – à l'époque, on disait encore la Perse, c'est dire !

Tout commence en 1901, quand William Knox d'Arcy négocie une concession pétrolière avec le shah, le roi du pays. Le forage, autorisé pour soixante ans, est payé cinquante mille livres, une somme colossale pour l'époque qui permet surtout au shah de maintenir son train de vie luxueux. Après quelques déconvenues, le pétrole jaillit enfin et il s'agit d'un des plus grands gisements dans le monde. Pour exploiter ces immenses réserves d'or noir, l'Anglo-Persian Oil Company est fondée en 1909. Cette société extrait chaque année trente-trois millions de tonnes de pétrole et, conformément à la concession, ne reverse aux Iraniens que dix pour cent de ses bénéfices. Une somme dérisoire au regard de ce que le pétrole rapporte.

L'emprise du Royaume-Uni sur le pays ne fait alors qu'augmenter. À l'époque où Londres a établi le premier empire colonial du monde, la Perse apparaît comme un prolongement, une zone d'influence au minimum. Les Britanniques voient ainsi d'un bon œil la prise de pouvoir en 1925 d'un militaire, Reza Khan, qui se proclame empereur et installe sa dynastie, les Pahlavi. Conscient de l'état de « sous-développement abyssal » du pays, selon les mots de Percy Cox, l'ambassadeur britannique de l'époque, le shah veut moderniser la Perse. Inspiré par Atatürk, le fondateur de la république de Turquie, il s'attaque à l'influence des religieux, développe des infrastructures de qualité, réduit le pouvoir traditionnel et féodal des tribus. Au programme aussi, une occidentalisation à marche forcée de la société avec toute une série de lois qui proclament notamment l'égalité des sexes. Symbole de cette modernisation : le nom du pays change en 1935. La « Perse » devient « l'Iran ». Mais le shah impose tous ces changements d'une main très ferme et son pouvoir vire même à l'autocratie dans les années 1930.

À cette époque, il exprime d'ailleurs des sympathies pour le nazisme et se rapproche de l'Allemagne, voulant réduire l'influence des Britanniques sur le pays.

Mais avec le début de la Seconde Guerre mondiale, les alliés anglo-soviétiques s'inquiètent que l'Iran puisse ouvrir un nouveau front ou bloquer le ravitaillement vers l'URSS. En 1941, ils décident d'envahir le pays. Le vieux shah est contraint d'abdiquer en faveur de son jeune fils, Mohammad Reza Pahlavi.

Commence alors une période d'ouverture démocratique et même un âge d'or pour le jeune shah. Il parvient à faire partir du pays à la fin de la guerre les armées américaines, britanniques et, avec plus de difficulté tant elles aiment s'accrocher où elles se trouvent, les troupes soviétiques. Dans la guerre froide qui commence, l'Iran se rapproche des États-Unis qui lui fournissent une aide matérielle et financière.

Mais le pays se retrouve désormais au cœur d'un jeu complexe entre trois puissances. Les Britanniques d'abord, qui veulent absolument conserver *as usual* le pétrole du golfe persique *via* leur société, l'Anglo-Iranian Oil Company (renommée selon le nouveau nom du pays). Les Soviétiques, dans une logique d'expansion du communisme, veulent étendre leur idéologie partout où il est possible de le faire. Ils regardent donc vers leur sud et notamment la frontière avec la mer Caspienne, riche en hydrocarbures. Comme ailleurs, en Europe notamment, ils utilisent le Parti communiste local, le Tudeh, pour orienter la politique iranienne dans leurs intérêts. Les États-Unis, enfin, veulent les empêcher de s'installer au Moyen-Orient pour mieux s'y implanter eux-mêmes, tout ça en y délogeant au passage les vestiges coloniaux des puissances européennes.

L'Iran se retrouve ainsi ballotté entre ces trois ambitions géopolitiques et le pétrole va, une fois encore, tout compliquer. Les relations se tendent entre le gouvernement iranien et l'Anglo-Iranian Oil Company, passée aux mains de l'amirauté britannique. Même si les redevances reversées à l'État iranien ont augmenté (autour de vingt pour cent), elles restent aux yeux de la population trop faibles puisqu'il s'agit du pétrole national. Les Iraniens regardent ce qui se passe de l'autre côté de la frontière, en Arabie Saoudite. L'Aramco, la société saoudienne, obtient ainsi en 1950 un partage à 50/50 des revenus du pétrole avec les compagnies américaines qui l'exploitent. Les Iraniens ont donc le sentiment de se faire avoir et de brader leur pétrole pour les seuls intérêts britanniques.

Faute d'un accord renégocié avec l'Anglo-Iranian Oil Company, le Dr Mohammad Mossadegh, un député nationaliste à la longue carrière politique, exige avec d'autres députés une nationalisation de l'industrie pétrolière iranienne. Les pourparlers n'avancent pas, Londres se montrant dure en affaires. C'est un véritable bras de fer avec des pressions de tous les côtés.

Âgé de soixante-neuf ans, Mossadegh devient Premier ministre en avril 1951, à la tête d'une coalition gouvernementale nationaliste et laïque, le « Front national ». Il est soutenu très largement et sa majorité va des communistes du Tudeh aux religieux chiites. Les responsables de l'Anglo-Persian Oil Company sentent le vent tourner et proposent désormais ce qui était demandé au départ, le partage à moitié des revenus pétroliers. Mais pour les Iraniens, ça n'est pas suffisant et il est trop tard.

Le 1er mai 1951, le couperet tombe : Mossadegh fait voter la nationalisation des puits de pétrole iraniens et surtout, l'expropriation de l'Anglo-Iranian.

Cette décision est très populaire en Iran. Elle satisfait les nationalistes qui y voient la reprise en main d'un patrimoine national et une déclaration d'indépendance face aux influences étrangères. Pour les religieux, c'est une présence occidentale de moins. Et pour les membres du Tudeh, c'est le premier pas vers l'installation d'un régime communiste dans le pays.

Les Britanniques, eux, sont furieux. Ils portent l'affaire devant l'ONU et la Cour internationale de justice. Mais ces deux instances se déclarent incompétentes. Mossadegh plaide sa cause devant le Conseil de sécurité de l'ONU avec un certain succès. Soutenu très largement en Iran, appuyé par les mouvements décoloniaux mondiaux, le Premier ministre est au sommet de sa popularité. Le prestigieux magazine *Time* le déclare même homme de l'année 1951. Il faut dire que le symbole est fort. Pour la première fois, un pays du tiers-monde reprend le contrôle de ses ressources naturelles !

Mais les choses ne sont pas si faciles. Les rapports avec le shah, pro-occidental et qui partage de moins en moins les orientations politiques d'un Premier ministre intransigeant, se tendent fortement. La production de pétrole s'effondre : elle est divisée par trente ! En fait, l'Iran manque d'ingénieurs et de techniciens pour exploiter l'or noir. Parallèlement, Londres fait pression, avec succès, sur ses alliés du bloc de l'Ouest pour qu'ils refusent d'y envoyer leurs spécialistes. Par ailleurs, une fois le pétrole extrait, comment l'acheminer aux clients ? L'Iran n'a pas de navires spécialisés. La *Royal Navy* menace en prime de saisir tout navire s'il contient du pétrole « volé ». En compensation de la nationalisation, tous les fonds iraniens en livres sterling sont gelés. La tension entre les deux pays est telle que Mossadegh rompt les relations diplomatiques en octobre 1952.

Londres envisage alors une intervention militaire mais, consciente du nouveau contexte de guerre froide, cherche l'appui et le soutien des États-Unis. Pour mieux les convaincre, on présente Mossadegh comme un suppôt de l'URSS et l'Iran comme la prochaine conquête des Soviétiques. Pourtant, les autorités américaines hésitent. À leurs yeux, il s'agit d'un conflit commercial, voire d'une affaire privée, et elles ne voient pas bien l'intérêt qu'il y aurait à s'en mêler.

Mais les Britanniques sont patients. Ils savent qu'une élection approche aux États-Unis et il leur suffit d'attendre. En 1953, Winston Churchill revient aux affaires à Londres et à Washington, le nouveau président Dwight Eisenhower, un républicain, s'intéresse beaucoup plus au dossier iranien. Il redoute une influence grandissante des Soviétiques en Iran et, à défaut d'une intervention militaire directe, les planètes s'alignent pour envisager une action secrète.

C'est l'opération « Ajax », qui a pour but de renverser Mossadegh. Son autre nom est « T-P Ajax » en référence au « Tudeh Party », Parti communiste iranien dont on veut contrer l'influence. Le projet est britannique mais l'exécution conjointe entre le MI6 (les services secrets de Sa Gracieuse Majesté) et la CIA. Elle est confiée à Kermit Roosevelt, le petit-fils de l'ancien président américain Theodore Roosevelt et surtout le responsable local de la CIA. Tous les contacts ont été pris et il existe un large réseau de soutiens au coup d'État allant de l'armée au Parlement, chez les religieux et même jusqu'au shah.

L'opération commence par une campagne de déstabilisation de Mossadegh en utilisant des articles de presse, des manifestations où s'illustrent des agitateurs et la corruption des officiers afin de s'assurer de leur changement de camp. Pour éviter toute crise pétrolière, l'Aramco est priée d'inonder tous les marchés de son pétrole afin de maintenir le prix le plus bas possible.

Le remplaçant de Mossadegh est trouvé rapidement : il s'agit du général Fazlollah Zahedi, un membre du « Front national » qui a pris ses distances depuis le rapprochement avec le Tudeh.

Le shah a été aimablement prévenu par les Américains qu'en cas d'opposition de sa part, il pourrait oublier leur soutien ce qui menacerait à court terme son trône. Il est donc rapidement convaincu et, le 13 août 1953, signe l'acte de révocation de Mossadegh et son remplacement par le général Zahedi. L'arrestation est prévue le 15 août au soir.

Mais le Premier ministre est prévenu dans la journée de ce qui se trame. Quand Nematollah Nassiri, l'officier de la garde impériale chargé de l'informer de sa révocation, arrive au domicile de Mossadegh, il est arrêté ! Les tentatives de contrôle des points stratégiques sont tuées dans l'œuf et les ministres arrêtés par la garde impériale sont libérés.

L'opération « Ajax » prend l'eau.

Pire encore, quand le shah apprend au matin du 16 août que Nassiri a été arrêté, il juge plus prudent de s'exiler *illico* en Italie. Depuis l'étranger, il prévient qu'il n'abdique pas, et que Mossadegh est révoqué. Le shah indique aussi que ce dernier refuse en dépit de la loi et de ses ordres d'appliquer la constitution. Zahedi doit se cacher, une prime court sur sa tête. Les partisans de Mossadegh exultent. Ils déboulonnent les statues du shah et vandalisent le tombeau de son père, le fondateur de la dynastie.

La CIA comprend que le complot a échoué et, étant moins impliquée que les Britanniques dans ce dossier, elle envisage d'abandonner les tentatives de putsch. Un message significatif arrive à Téhéran le 18 août : « Nous ne devrions plus participer à une opération contre Mossadegh qui pourrait permettre de remonter jusqu'aux États-Unis. Les opérations contre Mossadegh devraient être interrompues. »

Mais c'est sans compter la désobéissance de Kermit Roosevelt, qui pense que la partie n'est pas encore terminée.

Il organise les 19 et 20 août des manifestations en faveur du shah, n'hésitant pas à distribuer des billets pour motiver les plus indifférents. L'ordre royal de révocation de Mossadegh est aussi imprimé à des milliers d'exemplaires et largement diffusé à Téhéran. L'opinion publique bascule et la situation devient confuse. Personne ne sait si tel officier ou tel corps d'armée sert le Premier ministre ou obéit au général Zahedi. Les unités fidèles au shah s'emparent progressivement des casernes et des quartiers généraux de la police. Les chefs religieux, les ayatollahs, prennent aussi clairement position en faveur du shah.

Mossadegh finit par se barricader dans sa résidence. Elle est défendue par les dernières unités fidèles. Alors que les bombes pleuvent, Mossadegh est contraint de s'enfuir par les toits, par une échelle qui conduit dans la maison voisine. Il se cache quelques heures avant de se rendre finalement le 20 août.

Le lendemain, le shah opère un retour triomphal. Il est acclamé à l'aéroport par ses partisans.

Mossadegh est jugé le 24 août. Brillant orateur, il se montre convaincant devant le tribunal. « Mon seul crime, déclare-t-il, est d'avoir nationalisé l'industrie pétrolière et libéré mon pays de l'étreinte du colonialisme. » Le shah comprend qu'il vaut mieux le gracier dans une volonté d'apaisement. Échappant ainsi à la peine de mort, Mossadegh est finalement condamné à trois ans de prison et placé en résidence surveillée jusqu'à sa mort en 1967.

Le pétrole iranien reste nationalisé mais un consortium est mis en place pour en assurer l'exploitation et la commercialisation. C'est le retour de l'Anglo-Iranian Oil Company, renommée British Petroleum (BP), mais aussi l'arrivée en Iran des entreprises pétrolières américaines.

Les États-Unis savent qu'ils ont avec le shah un allié d'autant plus fidèle qu'il leur doit tout.

L'opération « Ajax », malgré ses improvisations, constitue pour la CIA un exemple réussi, voire un modèle de renversement de gouvernement. Elle réplique d'ailleurs l'opération l'année suivante au Guatemala.

Pourtant, en supprimant progressivement toute vie démocratique iranienne, en créant un fort sentiment anti-américain et en laissant dans le pays les mains libres aux sociétés étrangères, ce coup d'État est l'une des causes préparant vingt-cinq ans plus tard une autre révolution, mais cette fois-ci islamiste.

21.

L'assassinat de Patrice Lumumba : quand les puissances coloniales et les États-Unis veulent garder la main

Congo, 1962

L'indépendance des colonies africaines connaît son lot d'histoires tragiques et d'opérations douteuses. Même lorsque la décolonisation est pacifique et négociée, ce qui est très majoritairement le cas, les anciennes puissances ont généralement la volonté, plus ou moins déclarée, de conserver une présence dans les pays nouvellement indépendants. Cela entraîne donc des alliances, des pressions plus ou moins amicales, des manœuvres politiques et, dans certains cas, des opérations secrètes de déstabilisation.

On trouve toute la gamme avec l'indépendance du Congo belge.

L'histoire de ce territoire est particulièrement originale. Il est rare en effet qu'une colonie commence en tant que propriété privée. Or, le Congo a longtemps été une possession personnelle du roi Léopold II de Belgique. Alors que son gouvernement, et plus largement les Belges attachés à leur neutralité, refuse l'aventure coloniale, lui s'y intéresse. Il tente d'abord d'acheter les Philippines à l'Espagne mais sans succès. Il décide alors de créer à partir de ses propres fonds une « Association internationale pour l'exploration et la civilisation de l'Afrique centrale ». Pour aller sur place et découvrir le bassin du Congo en son nom, il recrute l'explorateur Henry Morton Stanley. L'Anglais est aventurier, sans scrupule et volontiers brutal avec les Africains. Pour le roi Léopold II qui privilégie le résultat aux moyens employés, c'est l'homme de la situation. Pendant cinq années, Stanley est ainsi son représentant au Congo. Il y fait construire une piste le long du fleuve, installe plusieurs comptoirs commerciaux et, à l'occasion, lutte contre l'esclavage, histoire de donner un vernis moral à toute cette expédition.

Entre novembre 1884 et février 1885, le chancelier Otto von Bismarck réunit à Berlin une conférence afin de partager l'Afrique entre puissances européennes. Stanley représente le roi belge et y défend ses intérêts. Léopold II obtient ainsi, à titre personnel, un immense territoire (quatre-vingt fois la superficie de la Belgique !) situé en plein centre du continent : l'État indépendant du Congo.

Léopold II façonne donc son territoire colonial comme il l'entend. Il est perçu à l'époque comme un roi « humaniste » et « bâtisseur ». C'est vrai en partie mais pour le Congo, sans véritable administration locale, il laisse surtout le champ libre aux sociétés concessionnaires et aux colons belges pour exploiter les ressources du pays : le caoutchouc, l'ivoire, l'étain, l'huile de palme et le cuivre. Et cela avec une brutalité inouïe : expropriations massives, maltraitance, travail forcé jusqu'à la mise à mort pour les Congolais les plus rétifs.

Pour maintenir l'ordre colonial, le roi Léopold II institue une « force publique », sorte d'armée chargée de fonctions de police. Elle agit contre l'esclavage en luttant contre les marchands d'esclaves. Mais elle sert aussi à appuyer les colons dans l'exploitation du caoutchouc. La « force publique » manie ainsi volontiers la chicote (un fouet en corde tressée ou en lanières d'hippopotame). Elle tue aussi des indigènes à l'occasion. Pour justifier l'utilisation de chaque balle tirée, ces « policiers » doivent couper une main de l'indigène abattu. Certains récits montrent alors qu'on n'hésite pas à couper des mains à des Congolais vivants pour motiver des balles tirées à une autre occasion.

La « mission civilisatrice » du roi belge est en marche. De nombreux voyageurs, comme Joseph Conrad, sont effarés par ce qu'ils découvrent au Congo et en rapportent des récits terrifiants. Tous ces témoignages déclenchent une commission d'enquête internationale qui est accablante pour la gestion coloniale au Congo. La Belgique décide alors d'en prendre le contrôle. C'est chose faite en 1908 quand l'État indépendant du Congo est rattaché au royaume. Mais l'objectif de rétablir une « gestion modèle » est vite oublié et les mauvaises pratiques perdurent. Comme dans les autres empires coloniaux de l'époque, une ségrégation sépare les Blancs qui vivent dans les centres-villes et les indigènes dans des quartiers réservés. Ces derniers, privés de droits politiques, subissent toute une série de restrictions. Par manque de main-d'œuvre, le travail forcé est vite rétabli.

La Seconde Guerre mondiale, comme souvent ailleurs, constitue une rupture importante pour le Congo. L'image du colonisateur, le fameux « prestige de l'homme blanc », en a pris en coup alors que la métropole belge a été sévèrement défaite en 1940 après seulement deux semaines de combat. La Belgique étant ensuite occupée militairement, le Congo se retrouve coupé de sa métropole et contraint à une forme d'autonomie. Administré à partir d'octobre 1940 par le gouvernement belge en exil, il devient une réserve de matières premières pour les Alliés et participe donc à l'effort de guerre. C'est ainsi de l'uranium congolais qui est utilisé pour la bombe atomique d'Hiroshima.

Avec le retour de la paix, la colonie, comme beaucoup d'autres, connaît des agitations politiques et sociales : mutineries de la « Force publique », refus du travail forcé, constitution des premiers syndicats pour les travailleurs indigènes, contestation de l'influence de l'Église dans l'enseignement local… Des réformes timides sont engagées mais elles se heurtent à l'intransigeance du lobby colonial. Les « évolués », comme on nomme alors les Congolais européanisés de la classe moyenne et parlant français, supportent de moins en moins leur relégation dans la société. Partout en Afrique, des contestations émergent contre l'ordre colonial et les plus audacieux réclament l'indépendance.

Mais au Congo belge, majoritairement, les habitants demandent surtout l'égalité et un principe d'autodétermination.

À la fin de l'année 1955 paraît une étude du professeur Jef Van Bilsen intitulée *Plan de trente ans pour l'émancipation de l'Afrique belge.* Si elle est bien reçue par les Belges, elle scandalise autant les partisans de la colonisation qui refusent l'idée de l'indépendance que les Congolais qui trouvent le délai beaucoup trop long. Le roi des Belges Baudouin ne doute pas que l'ordre colonial puisse se maintenir. En voyage en Afrique cette même année, il déclare ainsi que « la Belgique est une et indivisible. La Belgique et le Congo ne forment qu'une nation ».

Le mouvement est pourtant enclenché et l'époque est à la décolonisation. En 1957, le Royaume-Uni accorde l'indépendance à la Gold Coast (l'actuel Ghana). L'année suivante, le général de Gaulle propose à Brazzaville une communauté entre la France et son empire et laisse le choix aux colonies qui le souhaitent de devenir indépendantes.

Le *Plan de trente ans* de Van Bilsen incite les intellectuels congolais à faire entendre leur voix pour la première fois. Un « Manifeste de la conscience africaine » rédigé par des « évolués » accepte ce plan avec une nuance de taille : ils veulent « l'émancipation progressive mais totale » du Congo. Un contre-manifeste s'oppose au plan jugé trop lent. En fait, c'est une véritable politisation des Congolais qui apparaît avec la création de plusieurs partis. Certains sont à base régionale ou ethnique comme l'Alliance des Bakongos (Abako) de Joseph Kasa-Vubu ou la Confédération des associations tribales du Katanga (Conakat) de Moïse Tshombé. Un seul défend l'idée d'un Congo uni : le Mouvement national congolais (MNC) dirigé par Patrice Lumumba.

C'est un ancien infirmier devenu employé des postes puis responsable syndical. Participant à de petits journaux et à des associations culturelles, il est invité en 1956 à Bruxelles par les milieux libéraux. Il est reçu par le ministre des Colonies et même par le roi. De retour au Congo, il est jeté en prison pour détournement de fonds. Il avait encaissé des chèques postaux en estimant que, n'étant pas toujours payé, c'était simplement le salaire qu'on lui devait. Cette détention lui permet surtout de découvrir les idées des nationalistes congolais comme Joseph Kasa-Vubu et même d'écrire son livre, *Le Congo est-il une terre d'avenir ?*, où il prône clairement l'indépendance de son pays.

Une fois libéré, il devient directeur commercial de la brasserie Polar et dévoile dans ce commerce de la bière tous ses talents d'orateur. En 1958, il a trente-trois ans et fonde le Mouvement national congolais, un parti nationaliste laïc et unitaire. Son programme : obtenir un Congo indépendant, unissant toutes ses régions et tous ses peuples. Il se rend à la Conférence des peuples africains d'Accra (au Ghana) qui lui permet d'affiner sa réflexion et de devenir clairement indépendantiste. Idéaliste, il n'a pas de programme économique et politique précis au-delà de l'émancipation de son pays. S'il lit les auteurs socialistes, il n'est pas communiste. Seul l'avenir de son pays le motive et il ne doute pas de son destin : « Le Congo m'a fait, je ferai le Congo. » Rapidement cependant, il se heurte à une difficulté, peinant à implanter son parti, le MNC, dans tout le pays. Des régions, en particulier celles qui sont riches en ressources minières, s'y opposent.

Plus inquiétant, la Belgique durcit le ton avec les indépendantistes. En janvier 1959, après des émeutes à Léopoldville (l'actuelle Kinshasa), l'Abako est dissoute et Kasa-Vubu, brièvement arrêté. En octobre, le congrès national du MNC à Stanleyville est violemment réprimé par des gendarmes qui tirent sur la foule, faisant trente morts. Lumumba est arrêté dans la foulée et, après un procès en janvier 1960, condamné à six mois de prison.

Maintenant que le leader indépendantiste le plus dangereux aux yeux des Belges est sous les verrous, des négociations peuvent s'ouvrir avec les représentants congolais jugés plus modérés. Une table ronde se réunit à Bruxelles mais les représentants congolais, dont Kasa-Vubu, le plus déterminé, refusent d'y assister si Patrice Lumumba n'est pas libéré ! On le sort alors en urgence de sa prison et il rejoint les négociations. Le gouvernement belge mise encore sur les oppositions et les divisions entre Congolais. Mais une fois de plus, c'est un front uni qui se dresse. Les Belges cèdent et octroient, sans même que les nationalistes l'aient espéré ou rêvé, l'indépendance ! Celle-ci doit entrer en vigueur six mois plus tard. C'est un coup de tonnerre aussi improvisé que précipité. Cette décision aura d'ailleurs des conséquences très lourdes sur l'avenir politique du territoire. Mais les Belges pensent pouvoir conserver l'essentiel, l'accès aux richesses du pays.

En mai 1960, les premières élections libres du Congo ont lieu et consacrent le MNC de Patrice Lumumba. Joseph Kasa-Vubu, le leader indépendantiste le plus consensuel, devient quant à lui président. Conformément à la constitution, il nomme le nouveau chef de la majorité, Lumumba, Premier ministre. Les deux hommes se respectent mais s'apprécient peu.

Le 30 juin 1960, le pays célèbre officiellement son indépendance. Le roi Baudouin en personne a fait le déplacement à Léopoldville pour la transmission des pouvoirs. Après son discours, le président congolais Kasa-Vubu lui répond par des propos respectueux et modérés. Lumumba fulmine sur sa chaise. Comment peut-il taire la terrible réalité de la colonisation ? Comment peut-il remercier la Belgique pour cette indépendance ? Il griffonne alors nerveusement un texte et décide de prendre la parole bien que le protocole ne le prévoie pas. Son discours, devant le roi, est incendiaire. « Cette indépendance du Congo, affirme-t-il, si elle est proclamée aujourd'hui dans l'entente avec la Belgique, pays ami avec qui nous traitons d'égal à égal, nul Congolais digne de ce nom ne pourra jamais oublier cependant que c'est par la lutte qu'elle a été conquise. [...] Nos blessures sont trop fraîches et trop douloureuses encore pour que nous puissions les chasser de notre mémoire. Nous avons connu le travail harassant exigé en échange de salaires qui ne nous permettaient ni de manger à notre faim ni de nous vêtir ou de nous loger décemment ni d'élever nos enfants comme des êtres chers. Nous avons connu les ironies, les insultes, les coups que nous devions subir matin, midi et soir, parce que nous étions des nègres. » Ses propos, assimilés à un crime de lèse-majesté, jettent un froid. Ils finissent par faire considérer Lumumba comme un radical dangereux, un anticolonialiste forcené, voire un crypto-communiste. Les Belges qui entendent conserver des liens avec le Congo en sont convaincus : il faut écarter au plus vite cet homme du pouvoir.

Son discours ne gâche pas la fête cependant. Dans les rues du Congo, on danse sur *Indépendance Cha Cha*, le tube de Grand Kallé. Le peuple est en liesse.

Le Premier ministre sait bien que la tâche à venir sera compliquée. Mais il ne comprend peut-être pas à quel point. Début juillet, soit un mois seulement après sa prise de fonction, des mutineries éclatent dans la police. Les mutins s'en prennent à la population blanche, créant une panique. Tous les fonctionnaires belges partent du pays, paralysant sa gestion et la transition avec un personnel congolais.

L'armée, notamment, est totalement privée de ses cadres. Lumumba crée en hâte une Armée nationale congolaise dont il cherche à « africaniser » les officiers. Un de ses proches, le colonel Mobutu, est nommé chef d'état-major. Officiellement pour protéger ses ressortissants, la Belgique envoie dans son ancienne colonie plus de onze mille hommes, surtout dans la riche province minière du Katanga.

Le 11 juillet, cette province décide de se séparer du Congo. Depuis Élisabethville (l'actuelle Lubumbashi), le leader séparatiste Moïse Tshombe proclame l'indépendance du Katanga. Derrière cette opération, on retrouve l'Union minière du Haut-Katanga, une entreprise belge qui sait qu'elle pourra bien mieux préserver ses intérêts économiques avec le gouvernement sécessionniste katangais. Kasa-Vubu et Lumumba haussent alors le ton. Ils exigent une intervention de l'ONU, menaçant sinon de faire appel à l'Union soviétique. Les Américains s'inquiètent. Le président Eisenhower refuse à la fois une guerre coloniale et une intervention de l'URSS. Sous la pression américaine, l'ONU envoie donc des casques bleus qui arrivent le 16 juillet à Léopoldville. Leur mission est difficile, la Belgique refuse de retirer ses troupes. La situation devient confuse, l'ONU tergiverse et empêche même par un cessez-le-feu le déploiement au Katanga des troupes congolaises. Lumumba enrage. Il finit donc par se tourner vers les Soviétiques qui lui envoient bien volontiers des engins de transport militaire. Il n'ira pas plus loin dans la collaboration avec l'URSS mais aux yeux des Américains et de l'ONU, c'est déjà trop ! Lumumba menace de faire basculer le Congo dans le bloc de l'Est, il faut l'arrêter.

À la mi-août, le gouvernement belge fait pression sur Kasa-Vubu pour qu'il révoque son Premier ministre. Au même moment, le président américain Eisenhower, qui ne veut pas que Lumumba devienne le Fidel Castro africain, annonce en pleine réunion du Conseil national de sécurité qu'« il faut qu'on se débarrasse de cet homme ». Allen Dulles, le patron de la CIA, envoie alors trois hommes au Congo pour aider Larry Devlin, l'agent américain local, à l'assassiner. Une des techniques envisagées est notamment d'empoisonner son dentifrice. Mais c'est peine perdue, Lumumba est inapprochable car très protégé.

Le 5 septembre 1960, Kasa-Vubu annonce à la radio qu'il révoque son Premier ministre. Lumumba s'accroche au droit et conteste cette décision anticonstitutionnelle. Il révoque à son tour le président pour haute trahison et appelle à un soutien de l'armée. Face à l'impasse politique, Joseph-Désiré Mobutu, le chef d'état-major, encouragé et financé par la CIA, organise un coup d'État le 14 septembre. Tous les pouvoirs sont suspendus. Le 10 octobre, il fait arrêter et placer en résidence surveillée son ancien ami, Patrice Lumumba.

Finalement, celui-ci réussit à s'enfuir et cherche à gagner Stanleyville. Il veut y constituer un nouveau gouvernement. Traqué par les troupes de Mobutu, il est de nouveau arrêté le 1er décembre et exposé aux journalistes du monde entier comme le prisonnier qu'il est désormais, mains attachées dans le dos, les traits tirés, du papier dans la bouche pour l'empêcher de parler. Il est envoyé au camp de prisonniers de Thysville (l'actuel Mbanza-Ngungu). Il n'a plus la prestance du Premier ministre charismatique qu'il a pu être.

Mais Mobutu n'est pas tranquille alors que des rumeurs de mutinerie se multiplient. Lumumba ne pourrait-il pas y plaider sa cause et convaincre les soldats et les officiers de le libérer ? En janvier 1961, les soldats du camp se révoltent en effet. Ce lieu n'est plus sûr pour un prisonnier de cette importance et Mobutu envisage de lui régler définitivement son compte. Bien sûr sans se salir les mains, afin de ne pas compromettre son ascension politique. Pas question de l'assassiner dans sa cellule, au risque d'entraîner un soulèvement général du camp, voire de l'armée nationale congolaise, ce qui pourrait, qui sait, provoquer un coup d'État.

Pourquoi alors ne pas livrer Lumumba au Katanga, la province qui a fait sécession cinq mois plus tôt ? Il n'y compte que des ennemis qui seraient ravis de pouvoir se venger, au premier rang desquels Moïse Tshombé, le dirigeant local. De plus, les Nations unies ne sont pas les bienvenues au Katanga et ne contrôlent pas grand-chose de ce qui s'y passe. Le 16 janvier, Harold d'Aspremont Lynden, le ministre belge des Affaires africaines, envoie un télex à Mobutu ordonnant que Lumumba soit transféré au Katanga dans les délais les plus brefs. Larry Devlin, le représentant local de la CIA, voit passer cette information. Il pourrait empêcher ce transfert, car c'est la mort qui est au bout du voyage pour Lumumba. Mais à l'époque, la nouvelle administration démocrate, celle de Kennedy, n'est pas encore en place et Devlin sait très bien qu'il aurait l'ordre d'empêcher le transfert le temps que le nouveau président puisse examiner la situation. Il garde donc l'information secrète et n'informe la CIA que lorsqu'il est sûr que l'avion de Lumumba a déjà décollé pour le Katanga.

Pendant le vol, l'ancien Premier ministre et deux de ses compagnons d'infortune sont roués de coups. Un comité d'accueil d'une vingtaine de personnes les attend à l'arrivée : des membres du gouvernement katangais et quelques policiers et mercenaires belges. Le soir même, les trois prisonniers passent devant un peloton d'exécution. Lumumba meurt à 21 h 37. Il avait trente-cinq ans.

Pour éviter d'en faire un martyr et surtout qu'un culte ne se fasse sur sa tombe, on fait disparaître le corps qui est découpé puis plongé dans un bain d'acide sulfurique. Gerard Soete, un policier belge qui participe à la macabre opération, décide de conserver une dent de Lumumba. Comme une sorte de trophée de chasse.

Le Katanga affirme par la suite que l'ancien Premier ministre est mort lors d'une tentative d'évasion, tué par des villageois locaux. Mais cette thèse apparaît très tôt pour ce qu'elle est, un mensonge totalement fabriqué. Une commission d'enquête de l'ONU l'affirme clairement dès novembre 1961 et accuse tant Moïse Tshombé que Kasa-Vubu d'avoir une part de responsabilité dans la mort de Patrice Lumumba.

Mobutu peut en tout cas installer tranquillement sa dictature à la tête du futur Zaïre. Conscient de la popularité de l'ancien Premier ministre qu'il a contribué à faire disparaître, il décide en 1966 d'en faire « un héros national ». Depuis 1967, l'anniversaire de sa mort est officiellement fêté.

Quarante ans plus tard, à la suite de la publication du livre aussi sérieux qu'accablant sur cette affaire signé par le sociologue Ludo De Witte, la Belgique met en place une commission d'enquête parlementaire. Elle reconnaît en 2001 « l'implication forte du gouvernement belge » dans l'exécution de Lumumba tout en indiquant qu'elle a été décidée par le gouvernement katangais. Louis Michel présente des excuses officielles au Congo en 2002 et admet au nom de la Belgique, une « responsabilité morale » dans cet assassinat. Cela ne va pas assez loin pour les descendants de Lumumba qui, en 2011, portent plainte pour crime de guerre contre d'anciens responsables politiques belges. Après avoir découvert en 2016 que la fille de Gerard Soete conservait la dent de Lumumba, la famille de ce dernier en exige la restitution comme la seule chose qu'il reste de lui. Après plusieurs reports dus notamment au Covid-19, la dent est finalement restituée aux autorités congolaises en juin 2022, à l'occasion de l'anniversaire de l'indépendance.

Patrice Lumumba avait dit peu de temps avant sa mort : « Si je meurs demain, c'est parce qu'un Blanc aura armé un Noir. » Il n'a eu que partiellement raison, tant la coalition de ses ennemis s'est montrée hétéroclite, regroupant des intérêts autant congolais qu'étrangers.

22.

L'attentat du Petit-Clamart : « C'était tangent ! »

France, 1962

En 1962, le général de Gaulle est au pouvoir depuis quatre ans. Un mandat qui n'est pas de tout repos pour cette figure importante de la Seconde Guerre mondiale. Il reprend les rênes du pays en pleine crise algérienne. Rembobinons un peu cette histoire pour y voir plus clair.

Depuis 1954, une guerre a éclaté en Algérie alors un territoire français divisé en trois départements. Le Front de libération nationale (le FLN), des nationalistes qui veulent obtenir l'indépendance de l'Algérie, a commis des actes terroristes et surtout entamé la lutte armée contre les forces françaises. Les « pieds-noirs », c'est-à-dire les Européens vivant en Algérie, sont inquiets de la tournure des événements. Ils veulent maintenir l'Algérie française.

En 1956, à Paris, le socialiste Guy Mollet est élu sur un programme de paix en Algérie. Les pieds-noirs craignent l'abandon par le gouvernement Français. Quand le président du Conseil vient à Alger, il est accueilli par une pluie de tomates mûres ! Cela entraîne chez lui un changement complet de stratégie. En mars 1956, une loi établit « les pouvoirs spéciaux » et l'envoi du « contingent », c'est-à-dire les jeunes gens qui font leur service militaire. Quatre cent mille appelés sont envoyés de métropole en Algérie.

Si tous les Français sont désormais concernés ou touchés par cette guerre – chacun a un fils, un frère, un cousin, un voisin qui part en Algérie –, l'opinion publique se divise sur la légitimité de cette guerre. Militairement en tout cas, « la bataille d'Alger » est gagnée par l'armée française en mars 1957. Le FLN se replie à l'intérieur du pays et près des frontières tunisiennes et marocaines.

L'armée française exerce alors une répression féroce dans les campagnes. Cette opération, appelée « la pacification », est un échec cuisant. La torture pratiquée par tous renforce la haine et la détermination des deux adversaires tandis que dans chaque camp, les divisions sont multiples.

Un décrochage progressif se fait entre l'Algérie et la métropole, où la guerre est impopulaire et pas toujours comprise. Les pieds-noirs font, quant à eux, de plus en plus confiance aux militaires et à leurs chefs envoyés en Algérie et de moins en moins au pouvoir politique de la IVe République. Or, un nouveau gouvernement doit se constituer à Paris en ce mois de mai 1958, autour de Pierre Pflimlin dont on pense qu'il va négocier avec les indépendantistes.

Le 13 mai 1958, à l'occasion d'un rassemblement en hommage à trois soldats tués par le FLN, une émeute éclate à Alger. La population réclame le retour du général de Gaulle au pouvoir. À l'époque, l'homme du 18 juin 1940 est retiré de la politique et, depuis sa coquette maison de Colombey-les-Deux-Églises, il enchaîne les parties de réussite. Une vraie vision de carte postale ! En réalité, les coulisses sont moins paisibles. Les partisans du Général s'activent pour qu'il reprenne les rênes du pouvoir. Et donc, cela passe par l'Algérie où certains de ses fidèles, comme Jacques Soustelle, ont soufflé depuis plusieurs semaines son nom aux partisans de l'Algérie française. À leurs yeux, de Gaulle est le dernier espoir, l'homme qui saura résister au Front de libération national algérien (FLN) comme il a su le faire avec l'Allemagne nazie.

À la suite de l'émeute du 13 mai 1958, un comité de salut public est institué à Alger. Le lendemain, le général Salan fait un discours à la foule réunie sur le forum. Il se termine par la phrase : « Vive de Gaulle ! »

Après la démission de Pierre Pflimlin, pourtant tout juste nommé chef du gouvernement, des négociations au plus haut niveau et un bon coup de pression de l'armée, le général de Gaulle devient donc le dernier président du Conseil de la IVe République. L'Assemblée nationale lui vote les pleins pouvoirs pour changer la constitution. Il met en place un nouveau régime, la Ve République, dont il devient le premier président.

Et l'Algérie dans tout ça ? De Gaulle vient à Alger en juin 1958 et, du haut du balcon du gouvernement général, il lance à la foule son célèbre : « Je vous ai compris. » Une astuce diplomatique maligne vu le contexte ! Tout le monde pense qu'il a été enfin compris : les pieds-noirs qui veulent maintenir l'Algérie française, l'armée qui considère qu'il y a un chef qui va la porter à la victoire, les métropolitains qui se lassent de cette guerre et même les nationalistes algériens qui imaginent des négociations.

Mais pour le général de Gaulle, rapidement, la chose est entendue : il faut arrêter cette guerre qui n'est pas populaire en métropole, pas gagnable politiquement et, surtout, qui place la France au banc des accusés. La guerre d'Algérie est en effet un obstacle à l'action qu'il veut mener, notamment la politique de grandeur. Dès 1959, il propose donc un référendum d'autodétermination pour l'Algérie.

Pour les pieds-noirs qui l'ont porté au pouvoir, c'est une trahison ! Une tentative insurrectionnelle a lieu à Alger en janvier 1960, organisée par les partisans de l'Algérie française : c'est la « semaine des barricades » doublée d'une grève générale. La reprise en main finit par 22 morts et 150 blessés.

Le référendum est finalement organisé le 8 janvier 1961. Il approuve à 75 % la politique gaullienne. Les négociations pour l'indépendance s'ouvrent alors. Mais cette annonce provoque « un putsch des généraux », Raoul Salan, Maurice Challe, André Zeller, Edmond Jouhaud, à Alger le 22 avril 1961. Ces généraux, qui considèrent que la guerre a été gagnée sur le champ de bataille, ce qui est globalement exact, ne comprennent pas ce qu'ils considèrent être un abandon politique.

Face à ce coup d'État, de Gaulle reçoit le soutien d'une très grande partie de l'armée, de l'opinion publique internationale et de la métropole. Il reprend le contrôle de la situation. Avec son habit de général pour rappeler qu'il est chef des armées, il fait un discours célèbre retransmis à la radio et à la télévision. Il y dénonce le « quarteron de généraux en retraite », « un groupe d'officiers partisans, ambitieux et fanatiques qui tente d'établir un pouvoir insurrectionnel ».

Les putschistes, lâchés par la majorité de l'armée en Algérie et sans projet politique précis, sont finalement arrêtés.

En février, les jusqu'au-boutistes ont créé de leur côté l'Organisation de l'armée secrète (OAS). Elle se montre très violente, frappant aussi bien les musulmans d'Algérie que les structures de l'État en Algérie et en métropole. Les attentats terroristes se multiplient. L'objectif de l'OAS est simple à défaut d'être réaliste : conserver l'Algérie française et donc torpiller les négociations pour empêcher l'indépendance algérienne. Leur obsession : tuer de Gaulle, celui qui les a trahis ! Le général Salan, l'un des quatre généraux du putsch de 1961, prend la tête de l'organisation.

Un premier attentat à la bombe, mené à Pont-sur-Seine, échoue le 8 septembre 1961. Le mur de flammes qui s'est créé à la suite de l'explosion d'un cocktail de dynamite, de plastic, d'huile et d'essence n'arrête pas la DS présidentielle. Son chauffeur, Francis Marroux, a même la présence d'esprit d'accélérer afin d'éviter une éventuelle rafale de mitraillette.

Le 19 mars 1962, les accords d'Évian mettent fin à la guerre d'Algérie qui devient indépendante en juillet. Et pourtant, malgré sa cause perdue, l'OAS ne désarme pas et sombre, au contraire, dans la violence aveugle. Elle déclenche « l'apocalypse » en Algérie et en métropole en posant des bombes dans les lieux publics.

L'opération « Charlotte Corday », *alias* l'assassinat de De Gaulle, est aussi décidée le 22 août 1962. Une embuscade est organisée au carrefour dit du Petit-Clamart. Le lieu est stratégique : le convoi du président doit y passer pour aller à l'aérodrome de Villacoublay. À la manœuvre, un ingénieur militaire et lieutenant-colonel d'aviation, Jean Bastien-Thiry.

C'est un homme brillant, l'inventeur de deux missiles utilisés par plusieurs armées. Il jouit d'une notoriété internationale dans son domaine d'expertise. Il est surtout l'organisateur de l'opération, tout de même la septième tentative contre le président en un mois ! À ses yeux, de Gaulle est un traître qui ne sert, consciemment ou pas, que les intérêts soviétiques. D'ailleurs, la politique du Général, en donnant l'indépendance à l'Algérie, va livrer selon Bastien-Thiry ce territoire puis toute l'Afrique au communisme. Fervent partisan de l'Algérie française, il considère la perte de cette colonie comme plus grave encore que celle de l'Alsace-Lorraine en 1870. En résumé, c'est une politique barbare, un crime contre l'humanité qu'il faut absolument empêcher. Cela passe donc par la mort brutale de celui qui est en train de livrer ce territoire. Pour cela, l'OAS ne va pas au

Petit-Clamart en chaussettes, c'est peu de le dire. Un commando de treize hommes, lourdement armés, se positionne en deux groupes le long de la nationale 306, près du carrefour.

Le 22 août, à 19 h 45, le convoi présidentiel – la DS 19, une voiture de sécurité et deux motards – quitte l'Élysée. Le Général voyage avec son épouse et son aide de camp Alain de Boissieu, qui est aussi son gendre. C'est de nouveau le gendarme Francis Marroux qui conduit la voiture présidentielle. À 20 h 20, elle arrive au carrefour du Petit-Clamart. La route est dégagée à l'exception d'une estafette jaune sur le bas-côté. Bastien-Thiry donne alors le signal en levant un journal. Aussitôt, les fusils-mitrailleurs se font entendre et la voiture présidentielle prend les premiers tirs.

Le gendre du Général lui crie « À terre, père ! » mais de Gaulle ne bouge pas. Alain de Boissieu ordonne au chauffeur de foncer. Deux pneus sont crevés. Une seconde voiture les prend alors en chasse et les occupants leur tirent dessus à plusieurs reprises. À nouveau, le gendre du Général lui hurle, poliment mais suffisamment fort pour que cette fois-ci, de Gaulle lui obéisse : « Mon père, je vous prie, baissez-vous ! » Le général et son épouse se couchent sur la banquette. Une balle pulvérise alors la fenêtre arrière de la DS, à l'emplacement exact de la tête de De Gaulle une seconde auparavant.

La DS présidentielle roule désormais sur les jantes.

En tout, 187 balles sont tirées. De nombreux commerces sont touchés, des vitres sont brisées ainsi que des écrans chez un marchand de radio-télévision. C'est un miracle : il n'y a qu'un seul blessé, un automobiliste qui passait en face avec sa famille. Une balle lui a éraflé le doigt.

Le chauffeur présidentiel, qui a fait des pointes de vitesse et surtout conservé son sang-froid, arrive finalement à Villacoublay. Malgré les huit impacts sur la DS dont trois ont traversé l'habitacle, le général de Gaulle, ainsi que tous les membres de l'escorte, sont indemnes. Impassible, le président sort alors de la voiture et annonce calmement : « Cette fois, c'était tangent. » « J'espère que les poulets n'ont rien eu », s'inquiète Yvonne de Gaulle, remise de son émotion. On la rassure, l'escorte des motards est indemne. Mais la Première dame parle de volailles achetées chez Fauchon le matin même en prévision d'un déjeuner avec les Pompidou et qui étaient stockées dans le coffre ! Le général de Gaulle admire le courage de sa femme. « Vous êtes brave Yvonne », la félicite-t-il. Le soir, il appelle son Premier ministre Georges Pompidou et lui dit : « Ils tirent comme des cochons. »

Si l'Histoire peut tempérer certains traits du général de Gaulle, on ne lui retirera jamais qu'il avait le sens de la formule.

L'enquête est rapide, facilitée par le hasard et les imprudences des conjurés. Deux membres du commando sont ainsi arrêtés au petit bonheur la chance à la suite d'un banal contrôle routier de la gendarmerie de Tain-l'Hermitage. Interrogé, l'un des deux avoue et donne la liste des autres conjurés de sa connaissance. Les arrestations s'enchaînent et on en retrouve même certains avec leurs armes. Au cas où on aurait eu le moindre doute sur leur culpabilité… Ils préparaient pour certains une nouvelle opération contre de Gaulle.

Jean Bastien-Thiry lui-même est finalement arrêté le 17 septembre. Condamné par un tribunal d'exception à la peine capitale, il est fusillé en mars 1963. Il est d'ailleurs le dernier fusillé de l'histoire de France. Deux de ses complices aussi condamnés à mort bénéficient quant à eux de la grâce du Général.

Les conjurés n'ont jamais exprimé de remords sur leur acte.

En 2012, soixante ans après les faits, Lajos Marton, l'un des membres du commando de l'OAS, déclare encore : « Je n'ai jamais regretté d'avoir participé à l'attentat du Petit-Clamart pour tuer de Gaulle. Mon seul regret, c'est que l'opération n'ait pas réussi. » Parti en clandestinité, Marton avait été condamné à mort par contumace en mars 1963. Il est arrêté en septembre de la même année. Sa peine est commuée à vingt ans de réclusion criminelle et il est amnistié en 1968.

Cette tentative ratée a une conséquence politique inattendue puisqu'elle permet à de Gaulle, en profitant de l'émotion générale, de changer la constitution pour faire élire le président au suffrage universel. Comme il a pu le dire au sujet de cet attentat : « Il tombe à pic ! »

Non seulement Bastien-Thiry n'a pas abattu le Général, mais il a, paradoxalement, renforcé son pouvoir.

Le 28 septembre 1962, le référendum sur l'élection du président de la République au suffrage universel direct est approuvé par les Français avec 82 % de oui. Trois ans plus tard, lors de la première élection présidentielle, le général de Gaulle est réélu.

23.

L'affaire du Watergate : Nixon était trop curieux

États-Unis, 1972

L'affaire du Watergate, c'est LE complot avec tout ce qu'on peut imaginer de rencontres secrètes dans des parkings souterrains, de pressions politiques, de types courageux qui risquent leur vie pour faire éclater la vérité. C'est même devenu une façon d'appeler une affaire ou un scandale – pour n'en citer que quelques-unes : en 1998 le « Monicagate » (en référence à Monica Lewinsky, la jeune femme avec laquelle Bill Clinton a juré à la télévision n'avoir jamais eu de relation sexuelle), le « Panamagate » en 2016 (quand des documents secrets ont révélé une liste de personnalités ayant caché de l'argent dans des paradis fiscaux), plus récemment le « pizzagate » (la théorie de complotistes américains qui ont faussement associé Hillary Clinton, des pédophiles et une pizzeria) ou encore le « Benallagate » (quand l'ancien garde du corps d'Emmanuel Macron, Alexandre Benalla, a décidé de jouer au policier en interpellant de façon musclée un manifestant)…

Pour ce premier scandale en « gate » de l'Histoire, tout commence le 17 juin 1972 à 1 h 40 du matin dans l'immeuble du Watergate à Washington. Le célèbre Watergate n'est en effet pas un parc aquatique mais un grand bâtiment construit au centre de la capitale dans les années 1960. Il est composé d'un hôtel, de logements et de bureaux dans lequel Frank Wills, le gardien de nuit, fait sa ronde habituelle. Quand il atteint le sous-sol, Frank découvre une serrure qui a été bloquée avec du ruban adhésif, l'empêchant de se fermer. Il imagine d'abord que ce sont les équipes du nettoyage qui ont laissé la porte ainsi. Il enlève le Scotch et reprend son inspection. Mais en repassant devant cette même porte, Wills constate qu'un nouveau ruban a été posé et qu'elle est de nouveau entrouverte ! Il appelle donc la police en indiquant qu'il doit y avoir des cambrioleurs dans l'immeuble.

Une patrouille de police est alors en position non loin de là. Les policiers sont en civil, incognito, habillés avec des couleurs flashy façon hippie pour surprendre un trafic de drogue. À l'alerte du gardien du Watergate, ils abandonnent leur poste et se dirigent rapidement vers l'hôtel. Ce sont donc deux policiers *peace and love* qui contrôlent le bâtiment étage par étage. Au 5e se trouvent les locaux de campagne de George McGovern, le candidat démocrate qui se présente à la présidentielle cette année-là contre le président sortant, Richard Nixon. L'un des policiers aperçoit une ombre se cacher sous un bureau. « Lève tes putains de mains ! », lui ordonne-t-il avant de découvrir non pas un mais cinq hommes qui se relèvent piteusement. Ces hommes sont étranges, ils ne ressemblent pas à des cambrioleurs ordinaires. Ils sont en costume, portent des gants en caoutchouc et surtout transportent tout un équipement électronique de surveillance et d'écoute. Il y a de tout ! Des micros, des caméras, des appareils photos, des pellicules vierges et des talkies-walkies. Sans oublier des liasses de billets neufs avec des numéros qui se suivent. Pour démêler tout ça, tout le monde est embarqué au commissariat. Quand la voiture quitte le Watergate, on peut imaginer la réaction du complice qui était chargé de faire le guet. En planque dans l'hôtel d'en face, il a été distrait par un film d'horreur qui passait à la télévision !

Quelques heures plus tard, un jeune journaliste débutant, Bob Woodward, est appelé par son chef de service. Il lui dit d'arriver au plus vite. Un collègue présent au commissariat a informé le *Washington Post* de l'arrestation de la nuit. Woodward est chargé d'enquêter sur cette histoire et la première étape a lieu l'après-midi même au tribunal : les cambrioleurs y sont présentés pour leur première audition.

Woodward est certes novice dans ce genre d'affaires, mais il comprend vite que les suspects ressemblent plus à des conseillers ministériels qu'à des cambrioleurs ordinaires. Quatre d'entre eux sont cubains et quand on les interroge sur leur profession, ils répondent « anticommunistes » ! Un drôle de métier. Le plus âgé du groupe, James McCord, admet qu'il est « conseiller en sécurité » et qu'il a quitté un emploi dans le public. Alors que le juge insiste pour savoir où, McCord murmure qu'il était à la CIA. Woodward n'en revient pas !

Les services secrets américains ! Que viennent-ils faire dans cette histoire de cambriolage ?

Au *Washington Post*, on décide de mettre en place une équipe sur l'affaire et donc un deuxième journaliste un peu plus expérimenté, Carl Bernstein, qui rejoint Bob Woodward. Le duo commence à enquêter sur ce qui se révèle vite être l'affaire du siècle ! Dès le lendemain de l'audition au tribunal, ils apprennent que le fameux McCord est le responsable sécurité du Creep, le comité pour la réélection du président Nixon qui se représente cinq mois plus tard pour un second mandat.

Les deux journalistes découvrent aussi qu'un carnet d'adresses a été retrouvé dans un appartement loué par les cambrioleurs. Et à la lettre H, un homme est cité : Howard Hunt avec près de son nom, les lettres WH pour « White House » (Maison-Blanche).

Cerise sur le gâteau, c'est un ancien de la CIA.

Bob Woodward et Carl Bernstein ne lâchent pas l'affaire. Ils multiplient les pistes, s'informent auprès de tous, y compris les sources habituellement délaissées par les journalistes (les portiers, les secrétaires, les femmes de chambre...). Ils arrivent petit à petit à reconstituer l'opération qui a mené au cambriolage. Ils impliquent rapidement des proches conseillers de Nixon et vont même jusqu'à pointer un doigt accusateur sur la Maison-Blanche elle-même. Ils découvrent en même temps que le fameux Creep a probablement organisé d'autres actes illégaux commis au sein du Watergate.

Pour son enquête, Bob Woodward bénéficie d'une aide très précieuse, celle d'un ancien contact qu'il a connu quand il était dans la Navy. Ce mystérieux informateur reçoit vite dans la rédaction le surnom de « Deep Throat » (*alias* « Gorge profonde » du nom d'un film porno très célèbre de l'époque). On apprendra en 2005 que « Deep Throat » était en fait Mark Felt, le numéro 2 du FBI qui, visiblement, n'aimait pas trop l'administration Nixon et ses coups fourrés. Pour se rencontrer, Woodward et lui conviennent d'un code. Si celui-ci déplace un pot sur son balcon, c'est le signe qu'il souhaite le voir la nuit dans un parking souterrain et lui poser des questions sur l'affaire afin de confirmer ses hypothèses. Et si Felt veut parler à Woodward, il dessine en page 20 de l'exemplaire du *New York Times* que le journaliste reçoit chaque jour, une horloge avec les aiguilles indiquant les heures du rendez-vous.

Lors des rencontres dans la pénombre du parking, « Gorge profonde », la cigarette à la bouche, hoche la tête et donne des réponses aussi courtes que mystérieuses aux intuitions et découvertes du journaliste. Il suggère surtout à Woodward de suivre la piste du « fric », c'est-à-dire la caisse noire du Creep qui aurait financé notamment les cambrioleurs du Watergate. Un argent géré par un certain John Mitchell, le propre ministre de la Justice de Nixon qui a donc approuvé le retrait de ces fonds pour mener ces opérations secrètes !

Un article accablant paraît dans le *Washington Post* le 10 octobre 1972, c'est-à-dire moins d'un mois avant l'élection présidentielle. Il accuse la Maison-Blanche d'avoir organisé une véritable campagne de sabotage politique des opposants démocrates, le tout afin de permettre la réélection de Nixon. Car si Nixon est donné gagnant dans tous les sondages devant son adversaire Georges McGovern, c'est qu'il a réussi à évincer un autre candidat démocrate beaucoup plus populaire, Edmund Muskie, en faisant courir sur lui des rumeurs qui lui ont fait perdre ses moyens lors de déclarations publiques. Mais Nixon ne se contente pas d'un adversaire plus faible. Très paranoïaque de nature, il veut absolument être certain de sa victoire et, pour cela, connaître tous les secrets de ses opposants.

Une fois de plus comme depuis le début de cette affaire, la Maison-Blanche dément catégoriquement et parle d'un « ramassis d'absurdités ».

Cela n'empêche d'ailleurs nullement Nixon d'être réélu triomphalement le 7 novembre, avec vingt-trois points d'avance sur son rival. Et quand le procès des cambrioleurs du Watergate s'ouvre enfin en janvier 1973, l'affaire ne passionne plus grand monde. Les accusés plaident coupables pour éviter l'audience à l'exception de James McCord et de Gordon Liddy, un membre du Creep soupçonné d'avoir organisé toute l'opération. Trois mois plus tard, McCord écrit au juge pour lui indiquer qu'il a dû mentir au tribunal à cause de pressions de la Maison-Blanche.

La majorité démocrate au Sénat décide au même moment de créer une commission d'enquête sur l'élection présidentielle, les abus des Républicains à cette occasion et « tous les aspects de l'affaire du Watergate ». Les audiences démarrent en mars 1973. Elles sont diffusées à la télévision en direct et commence alors une véritable série qui passionne les Américains.

Le premier à passer sur le gril est Patrick Gray, le directeur du FBI. Il reconnaît avoir transmis tous les procès-verbaux de l'enquête du FBI concernant le Watergate à John Dean, le conseiller juridique de Nixon. Dean aurait aussi pu assister aux interrogatoires. Plus grave, Gray admet avoir brûlé, sur ordre, des papiers compromettants. Il démissionne le 27 avril 1973.

Les témoignages s'enchaînent et trois autres s'avèrent déterminants.

Celui de James McCord (encore !) permet de comprendre que le cambriolage n'était qu'une opération dans un système généralisé d'espionnage et de sabotage politique. Tranquillement, il explique qu'il comptait placer les micros dans les téléphones des locaux du Parti démocrate, situé au Watergate, et que la Maison-Blanche avait promis de le protéger en cas de problème.

Une autre déposition importante est celle d'un proche de Nixon, le fameux John Dean qui révèle que nombre de « sales ruses » (« *dirty tricks* ») se sont montées dans le Bureau ovale. Dean indique ainsi que le ministre de la Justice, John Mitchell, a ordonné l'opération du Watergate, que la Maison-Blanche l'a couverte et que le président a acheté le silence des cambrioleurs.

Le troisième témoignage accablant a lieu le 13 juillet 1973. Alexander Butterfield, un haut fonctionnaire, déclare sans avoir vraiment conscience de la portée de ce qu'il raconte que Nixon fait enregistrer et archiver toutes les conversations de la Maison-Blanche.

Officiellement pour ne rien oublier lors de la rédaction de ses mémoires plus tard.

C'est une vraie bombe !

La clé de l'affaire semble donc proche : il suffit d'obtenir les bandes magnétiques pour avoir la preuve de ce que savait le président, découvrir ce qu'il a dit ou pas sur le cambriolage du Watergate.

À ce moment de l'affaire, les conseillers les plus proches de Nixon démissionnent les uns après les autres ou ont déjà été inculpés. Seul Henry Kissinger, le secrétaire d'État et proche du président, échappe à la foudre. Il en gagne une réputation de « *clean man* » (homme propre). Mais autour de lui, c'est l'hécatombe !

De nouveaux scandales s'ajoutent, c'est la panique à la Maison-Blanche et le président lui-même hésite sur l'attitude à adopter. Partout, on n'entend plus qu'une demande : « On veut les bandes ! ». Mais Nixon résiste. Quand Archibald Cox, le procureur spécial chargé de l'enquête, réclame les enregistrements, Nixon propose de lui en envoyer un résumé. Cox refuse publiquement lors d'une conférence de presse. Le samedi 20 octobre 1973, Nixon exige de son ministre de la Justice qu'il remplace le procureur spécial. Le ministre refuse et donne sa démission. Nixon demande alors à l'adjoint du ministre qui lui aussi refuse avant de démissionner ! Cox est finalement mis à la porte, mais la presse titre le lendemain : « Le massacre du samedi soir ».

Pas de chance pour Nixon : le nouveau procureur spécial Jaworski réclame la même chose que son prédécesseur et le moins qu'on puisse dire, c'est qu'il est insistant ! Nixon doit se résoudre la mort dans l'âme à remettre les fameuses bandes. Mais étrangement, à l'écoute, les experts sont formels : il manque dix-huit minutes et demie d'enregistrement. Nixon prétend que sa secrétaire aurait supprimé ces passages par maladresse. La pauvre femme est obligée de témoigner mais sa déposition est logiquement jugée peu crédible. Au total, ce sont près de cinq coupes qui ont été opérées. Que disent ces silences ?

Face aux exigences du procureur, Nixon fournit en avril des transcriptions des enregistrements. La version publiée en mai par le *New York Times* en 1 524 pages est un véritable succès et des millions d'exemplaires se vendent rapidement. Le public découvre le fonctionnement de l'administration Nixon, ses basses manœuvres politiques et les propos insultants des plus hauts représentants de l'État. Le jugement de la presse est implacable : le *New York Times* parle d'une « conduite indigne d'un président ». Il manque cependant toujours une partie des enregistrements, dont ceux qui normalement concernent l'affaire du Watergate. Face aux refus présidentiels de les donner, la Cour suprême est saisie. Par un vote unanime (sauf une abstention), elle force Nixon à les livrer en juillet 1974. C'est désormais trop tard pour lui. Une procédure d'*impeachment* (de destitution) est lancée pour abus de pouvoir, violation des droits constitutionnels et obstruction de la justice.

Les dernières bandes contiennent bien la preuve irréfutable que Nixon a enfreint les lois. Non seulement il savait pour l'opération du Watergate, mais il a tout fait pour la couvrir. Les membres du Parti républicain le lâchent et l'encouragent à partir. Pour éviter la honte d'une destitution, Nixon démissionne le 9 août 1974. Il laisse le pouvoir à son vice-président Gérald Ford qui, comme première mesure, décide… de gracier Nixon ! Il est toujours bon de pouvoir compter sur ses amis n'est-ce pas ? Nixon quitte donc la Maison-Blanche en hélicoptère, le sourire aux lèvres et en faisant le « V » de la victoire. C'est pourtant la première fois dans l'Histoire américaine qu'un président démissionne ainsi.

Cette affaire entache la confiance des Américains dans leurs institutions et notamment la fonction présidentielle. Les États-Unis, plus largement, sortent affaiblis de la période. Alors qu'ils se retirent piteusement du Vietnam, l'URSS, dans le contexte de guerre froide, en profite pour avancer ses pions en Afrique, en Amérique latine et au Moyen-Orient.

L'affaire du Watergate illustre surtout le rôle fondamental du « quatrième pouvoir », celui de la presse d'investigation incarnée ici par les deux journalistes du *Washington Post*, Bob Woodward et Carl Bernstein. Devenus de véritables références pour leurs confrères du monde entier, ils obtiennent en avril 1973 le prix Pulitzer du journalisme, la récompense la plus prestigieuse pour ce métier.

Leur enquête est même adaptée au cinéma en 1976 dans *Les Hommes du président*, avec Dustin Hoffman en Carl Berstein et Robert Redford en Bob Woodward. Ils continuent l'un et l'autre leur carrière de journalistes politiques. Bob Woodward s'intéresse ainsi aux présidents américains après Nixon et écrit des livres sur chacun d'entre eux. Donald Trump a même droit à plusieurs ouvrages – largement à charge – comme *Peur* paru en 2018.

En 2000, les héritiers de Nixon reçoivent l'équivalent de 23 millions d'euros de dédommagements. C'est la somme que paye le ministère de la Justice pour conserver aux Archives nationales les millions de documents et les 3 500 heures d'enregistrements de l'affaire, considérés initialement comme appartenant à Nixon. Une fois déduits les frais d'avocats et la part dédiée à la bibliothèque de l'ancien président (l'essentiel de la somme), chacune de ses deux filles empoche ce qu'il reste, environ 125 000 euros tout de même. Finalement, l'opération du Watergate aura quand même rapporté un peu à la famille…

Indépendamment de l'affaire du Watergate, Nixon reste un président aussi détesté qu'aimé. Certains le considèrent même comme un bon président dont la chute n'est due qu'à sa paranoïa et à son goût de l'intrigue. Son bilan reste en fait difficile à déterminer tant l'affaire du Watergate l'a complètement torpillé. Quoi qu'il en soit, beaucoup d'acteurs politiques américains continuent d'apprécier « Tricky Dick » (« Dick le tricheur » comme on le surnomme depuis le début de sa carrière politique). Ainsi, jusqu'à sa mort en 1994, ils sont nombreux à lui rendre visite et à considérer Nixon comme un vieux sage aux conseils très précieux.

24.

Le coup d'État de Pinochet ou la CIA à la manœuvre

Chili, 1973

En 1970, le Chili vote pour choisir son nouveau président.

Un médecin, Salvador Allende, est élu. Aimé par le peuple, il a été porté au pouvoir par l'Union populaire, une coalition de partis de gauche allant des communistes aux chrétiens sociaux. Cependant sa victoire n'est pas un raz-de-marée dans les urnes. Le système électoral alors en œuvre au Chili ne fonctionne qu'avec un seul tour. Si un candidat acquiert la majorité, soit plus de 50 %, il est élu président. Allende obtient 36,6 % des voix, soit un pour cent de plus que son adversaire principal, le conservateur Alessandri Rodriguez. Le Congrès chilien, qui doit valider le résultat du scrutin si une majorité n'a pas été obtenue, est alors situé à droite de l'échiquier politique. Mais le soutien du peuple dans la rue le pousse à approuver la nomination de Salvador Allende.

Pour les États-Unis, c'est un véritable choc. Ils ont toujours considéré le continent américain comme leur chasse gardée, multipliant leurs intérêts sur le territoire. Ils soutenaient sans ambiguïté le conservateur Alessandri Rodriguez, ce dernier étant donné gagnant aux élections. Les conditions semblaient être réunies et les États-Unis n'avaient alors pas jugé utile de déployer de grands moyens pour aider sa campagne. En tout cas, pas à la hauteur des enjeux de l'élection. Une erreur qui rend le président américain Richard Nixon fou de rage.

Allende est donc élu sur un projet politique socialiste plutôt réformiste. En clair, parvenir à une nouvelle société par des réformes successives : hausse des salaires, blocage des prix, réformes sociales et bien d'autres mesures en nationalisant au passage des grandes entreprises du pays, notamment les mines de cuivre, première richesse nationale, qui jusque-là étaient massivement exploitées par les Américains. Il cherche à appliquer son programme en respectant la constitution tout en tentant de satisfaire sa base électorale, très large et parfois très à gauche. Étant lui-même modéré, il est difficile de marcher droit quand on est tiré des deux côtés. Progressivement, Allende doit donc faire face à de nombreuses oppositions, y compris à l'étranger.

Les États-Unis, qui n'ont jamais voulu d'Allende au pouvoir, ne comptent pas rester sans rien faire et utilisent une de leurs armes favorites : l'économie. Sous l'impulsion de la CIA, qui déploie alors tout un programme de sabotage de la politique d'Allende, les entreprises américaines présentes au Chili refusent les nationalisations et financent les oppositions et les grèves. Les investissements américains au Chili s'arrêtent, ainsi que les aides financières accordées par la Banque mondiale, une organisation dans laquelle les États-Unis sont très influents. Le résultat pour le Chili est catastrophique : les prêts sont divisés par trois entre 1970 et 1973.

Au Chili même, des contestations apparaissent rapidement. Des ouvriers font grève parce qu'ils trouvent que les réformes ne vont pas assez vite. De l'autre côté, les grands propriétaires et les chefs d'entreprise protestent contre les mesures économiques, les réquisitions et les nationalisations. Les pénuries se multiplient et l'inflation est galopante. Les prix sont multipliés par six dans l'année 1972 ! La « marche des casseroles vides », orchestrée par « Patrie et Liberté », un mouvement d'extrême droite financé par la CIA, réunit les femmes des beaux quartiers et leurs employées pour protester contre la vie chère. D'autres professions manifestent aussi contre l'inflation ou pour des droits spécifiques.

En octobre 1972, le pays est secoué par d'importants mouvements sociaux ; les patrons des entreprises de transport routier, là encore encouragés par la CIA, menacent de bloquer le pays ; les médecins, mineurs, commerçants eux aussi appellent à la grève… On parle alors d'« octobre rouge ».

Les tensions sont vives et la période est politiquement difficile pour Salvador Allende qui perd certains soutiens. Les plus à gauche souhaitent armer les masses pour faire évoluer le Chili vers un régime communiste à la cubaine. Le président essaye de calmer le jeu et d'unir le pays en intégrant des membres de l'armée et même de la droite dans son gouvernement.

Les États-Unis manœuvrent cependant de plus en plus contre lui. En 1971, la visite au Chili de Fidel Castro, le dirigeant cubain et ennemi juré de Washington, ulcère Nixon. Dans un contexte de guerre froide, il paraît inacceptable qu'un autre pays du continent américain puisse rejoindre le bloc soviétique. La CIA multiplie donc les soutiens aux oppositions et l'armée chilienne reçoit de plus en plus d'aides financières et matérielles des États-Unis. Cependant Allende a confiance dans le général Carlos Prats, qui commande non seulement les armées, mais est également entré au gouvernement en tant que ministre de l'Intérieur. Prats accorde de l'importance à la loi et soutient quoi qu'il arrive le président malgré ses désaccords. Mais il se trouve en première ligne, devant rétablir l'ordre dans un pays en proie à un climat politique et social très tendu. Sa politique est l'objet de critiques de plus en plus virulentes.

Le 27 juin 1943, alors que son chauffeur le conduit à son bureau, à Santiago, une voiture rouge s'arrête à proximité de la sienne. Les occupants du véhicule le provoquent à travers la fenêtre. Le général perd son sang-froid, s'empare de son pistolet et tire une balle dans la portière de l'automobile. Le quartier de Santiago, très fréquenté, se fige alors et le public approche, médusé, du général, reconnu aussitôt, tandis que, très choquée, sort de l'autre véhicule, la conductrice, une femme au foyer nommée Alejandrina Cox. Le général Prats échappe de peu au lynchage par les passants. L'affaire est médiatisée à outrance, l'opposition jouant sur la perte de contrôle du général pour dénigrer ses actions et la politique générale d'Allende au passage. Pour se sortir de cette affaire, le général Prats propose alors au président de démissionner. Mais celui-ci refuse, estimant que son rôle au sein du gouvernement et de l'armée est bien trop important pour céder à la pression populaire.

Allende n'attend pas bien longtemps pour se dire qu'il a fait le bon choix. Le 29 juin 1973, soit seulement deux jours après cette crise médiatique qui fait perdre des points dans l'opinion publique au général Prats, un régiment blindé de l'armée de terre tente de renverser le pouvoir en prenant d'assaut le palais présidentiel. Carlos Prats parvient à déjouer la tentative de putsch militaire qu'on appellera désormais le « Tanquetazo », l'insurrection des tanks. Ce sauvetage du pouvoir ne renforce pas suffisamment la réputation du général Prats, qui, sous la pression de la population et des gradés de l'armée, démissionne de ses fonctions en conseillant au président de nommer à sa place Augusto Pinochet, son chef d'état-major avec qui il a vaincu les opposants durant le Tanquetazo.

Allende ne s'en doute pas encore, mais il vient de laisser le loup entrer dans la bergerie.

Dans l'armée, les oppositions au président sont de plus en plus nombreuses bien que de nombreux militaires soient entrés au gouvernement. Le président prévoit un référendum auprès des Chiliens sur son projet économique, voulant apaiser une situation de plus en plus explosive. Mais certains, comme l'amiral Merino, le chef de la marine, conspirent déjà contre lui. L'objectif est de renverser le pouvoir par tous les moyens !

Pinochet ne semble pas spécialement emballé au départ, mais parvient rapidement à se laisser convaincre par Merino. Celui-ci prévoit de passer à l'action le 11 septembre 1973, le jour même du référendum prévu par Allende. Cette date est idéale pour les putschistes, car chaque année est organisé ce jour-là un grand exercice militaire entre la Navy américaine et les forces chiliennes. Une couverture de rêve pour placer leurs forces sans se faire repérer.

Au petit matin, Augusto Pinochet attaque le palais présidentiel de la Moneda en compagnie de ses troupes, tandis que le pays tombe ailleurs sans résistance et que la radio annonce la fin de la dictature marxiste. On donne jusqu'à 11 heures au président pour évacuer les lieux et remettre sa démission. Mais Allende refuse de se rendre ou de démissionner. Il estime avoir été élu par le peuple et veut lui rester fidèle, il se battra jusqu'au bout. Des tireurs embusqués, situés autour du bâtiment, combattent déjà les forces de Pinochet. L'assaut est donc donné, comme prévu. L'édifice est bombardé par des avions de chasse puis encerclé par quatre chars et des soldats. La fumée obscurcit le ciel et les coups de feu s'accélèrent. Bientôt, on annonce la mort du président Allende. Il se serait suicidé avec une Kalachnikov que lui avait offerte Fidel Castro.

Les instigateurs du complot ont réussi leur coup et promettent à la télévision de rétablir la démocratie et l'ordre dans tout le pays. Pour cela, sous le commandement de Pinochet et dans les semaines qui suivent le coup d'État, une répression est mise en place dans tout le pays. La liberté de la presse est abolie, les partis politiques liés au communisme sont interdits, les opposants sont traqués, torturés, fusillés. Un escadron de la mort est ainsi mis en place, qu'on appellera plus tard « la caravane de la mort ». Il sillonne le pays pendant un mois en exécutant plus d'une centaine d'opposants socialistes et communistes. L'armée prend le contrôle des universités et tout ce qui peut aller à l'encontre du pouvoir est proscrit. Pinochet assoit son pouvoir sur tout le territoire, s'appuyant notamment sur une police politique, la Dina, qui dès 1974 s'occupe de la sale besogne. Il devient chef suprême de la nation, puis président de la République du Chili.

Si, officiellement, les Américains condamnent les violences, les relations diplomatiques ne sont pas rompues, bien au contraire ! Pinochet cherche à effacer la politique d'Allende, il renoue avec le néolibéralisme et constitue donc une tête de pont pour les États-Unis qui permet de lutter dans la région contre la propagation du communisme et de ses idées.

C'est dans ce cadre qu'a lieu la terrible opération « Condor », qui touche toute l'Amérique du Sud. Avec le soutien en sous-marin des États-Unis, Pinochet coordonne la lutte contre les opposants politiques avec d'autres régimes du continent comme la Bolivie, l'Argentine, le Paraguay, l'Uruguay, l'Équateur ou encore le Pérou. Des informations sur les opposants sont alors partagées à travers des bases de données pour coordonner cette véritable chasse. Au milieu des années 1970, de nombreux assassinats sont opérés en Amérique du Sud et même ailleurs, en Europe ou aux États-Unis. Carlos Prats, l'ancien général de Salvador Allende alors réfugié en Argentine, en fait les frais en 1974 quand un agent de la CIA, Michael Townley, place une bombe fournie par la Dina sous sa voiture. Les méthodes de torture et d'exécution sont diverses, mais une des plus emblématiques consiste alors à faire monter un ou des opposants dans un avion ou un hélicoptère afin de les lâcher sans parachute sur terre ou en pleine mer.

Cette atmosphère de terreur permet à Pinochet d'appliquer sa doctrine économique et sociale dans le pays sans grande contestation populaire pendant près de dix ans. Il faut attendre 1983 pour voir de premières manifestations s'insurger directement contre le régime et un attentat est même planifié en 1986 par les communistes, qui ratent leur cible. Si, sur le papier, Pinochet redresse l'économie du pays, les inégalités sociales sont en réalité renforcées sur tout le territoire. Malgré la répression, toujours présente, les oppositions se constituent, au Chili comme à l'international, et Pinochet n'a d'autre choix que de proposer un référendum en 1988 pour s'assurer du soutien du peuple. Ce coup de poker ambitieux ne s'avère pas payant, et le dictateur est désavoué en perdant dans les urnes. Il s'accroche alors à son mandat deux ans de plus pour laisser la place en 1990 à un nouveau gouvernement formé après des discussions entre les civils et les militaires. Pinochet n'abandonne pas pour autant le pouvoir, car il reste jusqu'en 1998 le commandant en chef de l'armée de terre.

Cette année-là, la justice internationale s'attaque enfin à l'ancien dictateur afin de faire la lumière sur ces terribles années. Il est accusé de génocide, d'enlèvements, de tortures et de terrorisme international par la cour espagnole, qui le fait arrêter à Londres le 16 octobre.

Malgré les preuves de l'accusation, l'état de santé de Pinochet lui permet à de multiples reprises d'échapper à la justice. Il est renvoyé au Chili après plus d'un an d'assignation à domicile. Ne bénéficiant plus de l'immunité due à son statut, des procédures sont engagées contre lui au Chili, mais il passe toujours entre les mailles du filet et finit par mourir en 2006 à l'hôpital militaire de Santiago, libre.

Si l'implication de la CIA n'est pas directement établie dans le coup d'État de 1973, il est évident que celui-ci réjouit la Maison-Blanche et que les services secrets américains ont beaucoup agi contre Allende avant et après son élection. Le soutien international se fera discret, mais l'ombre de l'Amérique plane sans doute dans celle du dictateur et des répressions violentes dont il est responsable.

25.

Le 11 Septembre : les deux tours, la communauté du complot et le retour en Irak

États-Unis et Irak, 2001-2004

En 1979, les Soviétiques envahissent l'Afghanistan pour défendre un régime communiste établi dans le pays et menacé par un soulèvement populaire. Ils font face à une résistance armée, les moudjahidines.

Si parmi ces derniers, la plupart sont afghans, certains viennent aussi d'autres pays musulmans. Ceux-ci sont clairement islamistes et combattent donc pour établir un régime fondamentaliste dans le pays. Et dans ce groupe, il y a un Saoudien nommé Oussama Ben Laden, issu d'une riche famille d'Arabie Saoudite. Gagné aux idées islamistes et utilisé par les services secrets saoudiens, il est envoyé à la frontière pakistano-afghane pour y recruter des musulmans destinés à lutter contre les Soviétiques, des communistes athées.

Dans cette guerre, les États-Unis et la CIA ont choisi leur camp. Selon la logique classique de la guerre froide – les ennemis de mes ennemis sont mes amis –, ils financent, aident et forment les moudjahidines contre les Soviétiques.

C'est ainsi que Ben Laden reçoit le soutien de la CIA et probablement une formation militaire. Par la suite, il continue d'armer différents mouvements islamistes.

Lors de la première guerre du Golfe, en 1990-1911, les États-Unis utilisent l'Arabie Saoudite pour établir des bases militaires. Pour Ben Laden, la présence d'Occidentaux sur une terre sacrée est inacceptable : il dénonce « l'invasion de la Terre sainte du Prophète par les impies » et considère alors les États-Unis comme un ennemi à abattre.

À partir de ce moment, il crée et organise al-Qaïda, « la base » en arabe, un réseau islamiste qui déclenche des attentats terroristes comme en 1998, en Tanzanie et au Kenya contre les ambassades américaines.

Fortement établie en Afghanistan, grâce au régime des Talibans qui protègent Ben Laden, al-Qaïda fait assassiner le 9 septembre 2001 le commandant Massoud, un charismatique général afghan qui résistait aux Talibans dans la vallée du Panshir et tentait d'attirer l'attention du monde sur le danger islamiste dans son pays.

Malgré les signaux de plus en plus évidents d'un danger imminent, les services de renseignement américains négligent pourtant cette menace. À cette époque, les efforts du FBI et de la CIA sont surtout portés sur la guerre contre le trafic de drogue. Les informations dont ces deux services disposent sur al-Qaïda évoquent bien des attaques sur le sol américain, mais elles restent fragmentaires : des terroristes prêts au martyre, des aspirants pilotes aux profils de djihadistes… Même si, en janvier 2001, les services de renseignement français préviennent la CIA d'un projet d'attaque aux États-Unis en utilisant des avions civils, l'hypothèse d'une attaque simultanée, jugée trop complexe à mettre en place, n'est pas retenue comme crédible. On redoute plutôt une attaque au camion piégé ou un attentat « à la bombe », plus classique.

Aucun complot donc, mais des erreurs d'appréciation et une menace qui n'a pas été suffisamment prise au sérieux.

Pourtant, al-Qaïda prépare une opération de grande envergure depuis des mois. Retardée plusieurs fois, elle est déclenchée le mardi 11 septembre.

Ce matin-là, vers 8 heures, quatre avions commerciaux décollent de plusieurs aéroports de l'est des États-Unis. Leurs réservoirs sont remplis de kérosène pour un long trajet vers la Californie.

Parmi les passagers se trouvent dix-neuf terroristes islamistes d'al-Qaïda, dont plusieurs ont été formés aux techniques de pilotage. Ils prennent rapidement le contrôle des appareils grâce à des armes blanches. Ils dirigent alors les avions vers plusieurs cibles stratégiques. À New York, le World Trade Center qui incarne la puissance économique américaine. En Virginie, le Pentagone, symbole de la puissance militaire. À Washington enfin, le Capitole, cœur politique et siège du Congrès américain.

À 8 h 52 (heure locale), un de ces avions s'écrase sur l'une des deux tours jumelles du World Trade Center, en plein cœur de Manhattan à New York.

Alors que les télévisions du monde entier prennent l'antenne pour relater l'événement, elles montrent en direct un autre avion qui percute quinze minutes plus tard l'autre tour. Au bas du World Trade Center, c'est la panique, la sidération, l'affolement, les cris. Partout des sirènes. Dans les tours en flammes, les pompiers tentent d'accéder aux étages supérieurs en se frayant un chemin parmi tous ceux qui veulent descendre. Tout en haut des tours, des centaines de malheureux, prisonniers des flammes, sautent par les fenêtres cassées pour échapper à la fumée, au feu et à la chaleur.

À 9 h 47, un troisième avion détourné s'écrase sur le Pentagone, détruisant l'une des ailes du bâtiment.

À 9 h 55, la tour sud du World Trade Center, dont la structure a été fragilisée par l'impact et surtout par la chaleur de l'incendie, s'effondre.

À 10 h 10, un autre avion détourné (le vol United Airlines 93) dont les passagers ont héroïquement tenté de reprendre le contrôle s'écrase en Pennsylvanie. Il devait atteindre le Capitole. C'est le seul échec des terroristes ce jour-là et il est dû au courage de ces passagers.

À 10 h 35, la seconde tour du World Trade Center s'effondre aussi, ensevelissant les victimes et les nombreux sauveteurs venus sur le site. Un nuage de cendres recouvre partiellement Manhattan.

Ces attentats, les plus meurtriers que le monde ait connus, sont rapidement revendiqués par al-Qaïda.

Ils ont fait au total 3 000 victimes – 2 600 au World Trade Center, dont 343 pompiers –, auxquelles il faut ajouter 6 200 blessés.

Le bilan aurait pu être encore plus terrible : les attentats ayant eu lieu le matin, les 50 000 personnes qui travaillaient chaque jour dans les deux tours n'étaient pas encore toutes arrivées. C'était aussi la rentrée des classes et une élection municipale, les deux tours n'étaient donc pas remplies comme à l'habitude.

Pour les survivants, le calvaire continue les années suivantes car ils ont respiré des poussières toxiques. Beaucoup vont développer des maladies par la suite, notamment des cancers.

Oussama Ben Laden est, quant à lui, très agréablement surpris par l'opération. Dans un message au peuple américain en 2004, il affirme qu'« al-Qaïda a dépensé 500 000 dollars pour l'opération du 11 Septembre, alors que l'Amérique a perdu dans l'événement et ses répercussions, au bas mot, 500 milliards de dollars, c'est-à-dire que chaque dollar d'al-Qaïda a vaincu 1 million de dollars ».

Pour la première fois depuis 1941 et l'attaque japonaise sur Pearl Harbor, le territoire américain est attaqué, ce qui provoque un choc énorme dans la population américaine.

Les États-Unis reçoivent à cette occasion le soutien du monde entier. Le président Chirac est le premier dirigeant international à se rendre à New York une semaine après les attentats.

La sidération de l'attentat passée, des rumeurs commencent à circuler. Il s'agit d'abord de questionnements sur le déroulement des événements ainsi que sur leurs causes. Puis, rapidement certains émettent des doutes sur leur véracité ou sur les réelles responsabilités. Les plus sceptiques tendent à attribuer l'attentat au gouvernement américain, notamment à ses services secrets. Avec Internet, ces idées connaissent désormais une circulation rapide et mondiale. Elles alimentent ce que l'on va de plus en plus souvent appeler par la suite « les théories du complot » ou le conspirationnisme. Elles suscitent même beaucoup d'intérêt, y compris auprès de personnalités médiatiques qui contribuent à les diffuser et, parfois, à leur donner une crédibilité. Le livre *L'Effroyable imposture* du journaliste Thierry Meyssan connaît ainsi un grand succès de librairie avec 164 000 exemplaires vendus en France.

Toutes ces théories douteuses sur le 11 Septembre reposent sur la même idée : l'impact des avions sur les tours n'aurait pas été suffisant pour faire s'effondrer les deux bâtiments. Prenant appui sur de nombreuses considérations techniques (en métallurgie, ingénierie ou architecture) allant dans leur sens et tout en refusant de prendre en compte les études officielles, elles considèrent que les tours se sont effondrées parce que des explosifs avaient été dissimulés préalablement dans les immeubles. L'impact aurait simplement déclenché leur mise à feu. Comment aurait-on pu disposer autant d'explosifs dans des immeubles si fréquentés ? Mystère. Mais les partisans de ces théories considèrent que le gouvernement américain et ses services secrets sont capables de tout et peuvent aisément cacher leur implication. Le 11 septembre 2001 constitue une date pivot dans l'histoire du complotisme à l'échelle mondiale.

Indifférente au développement de ces thèses conspirationnistes, l'administration Bush fait voter en octobre le *Patriot Act*, une loi qui renforce la sécurité intérieure en restreignant les libertés individuelles.

En fait, conforté par une opinion publique américaine globalement soudée dans le malheur, le président George W. Bush déclare la « guerre contre le terrorisme ». Il y est encouragé par son entourage, notamment son vice-président Dick Cheney et son secrétaire à la Défense Donald Rumsfeld. Ces deux hommes, des « faucons » favorables à une ligne dure, représentent aussi la tendance des « néoconservateurs », les partisans d'une Amérique expansionniste et hégémonique.

Évidemment, ces projets ne peuvent recevoir la caution internationale. George W. Bush décide alors de s'affranchir des décisions de l'ONU. Désormais, les États-Unis agiront de manière unilatérale, c'est-à-dire sans tenir compte du point de vue des autres puissances, ni mêmes des instances internationales. Par extension, on associe aux terroristes les régimes qui sont soupçonnés de les soutenir. Dans le discours de l'état de l'union en 2002, le président les évoque avec l'expression « États voyous », ces derniers constituant un « axe du mal ». Dans la liste, pas d'Arabie Saoudite, qui est pourtant le pays d'origine de tous les terroristes du 11 Septembre, mais trois pays accusés, à tort ou à raison, de soutenir le terrorisme international : l'Irak, l'Iran et la Corée du Nord.

Dans ce contexte, la première guerre extérieure « contre le terrorisme » est déclenchée à l'automne 2001. Elle cible les Talibans afghans, accusés de cacher et de soutenir Ben Laden. À cette occasion, les États-Unis reçoivent le soutien de leurs alliés traditionnels, comme la France. En décembre 2001, le régime des Talibans est renversé, un gouvernement provisoire est établi, mais le chef d'al-Qaïda reste introuvable.

Le cycle des attentats continue cependant. Même s'ils n'épargnent pas les pays musulmans, ils visent surtout les Occidentaux : à Bali et Djerba en 2002, à Madrid en 2004 et à Londres en juillet 2005.

Il faudra attendre dix ans après les attentats du 11 Septembre, soit le 2 mai 2011, sous la présidence de Barack Obama, pour qu'un commando américain retrouve Ben Laden au Pakistan et l'exécute.

Après l'Afghanistan, la prochaine cible désignée est l'Irak. Pour le président George W. Bush, fils du président de la première guerre du Golfe, renverser Saddam Hussein signifierait terminer ce qui n'a pas été fait en 1991. Cela pourrait permettre d'implanter dans ce pays des bases américaines et de le transformer en une démocratie exemplaire. Il deviendrait alors un modèle qui ferait rayonner la démocratie dans une région du monde riche en régimes autoritaires. L'intervention américaine en Irak, qui mettrait fin à la dictature sunnite de Saddam Hussein, serait acclamée par les chiites, majoritaires dans la population. Ces derniers accueilleraient donc leurs libérateurs américains comme l'Europe a pu le faire en 1944. Ce projet, largement illusoire, est porté par les « faucons », des néoconservateurs qui sont dans le premier cercle de George W. Bush.

Reste que pour attaquer l'Irak, il faut trouver un prétexte. Dans un premier temps, on va donc accuser Saddam Hussein d'être un allié des terroristes d'al-Qaïda avant de prétendre que l'Irak possède elle aussi des armes de destruction massive, représentant une menace sérieuse pour la sécurité mondiale.

La CIA affirme pourtant le contraire dans ses rapports et ses analyses sur ce pays. Mais Dick Cheney et Lewis Libby, son chef de cabinet, se rendent à plusieurs reprises au siège de la CIA, à Langley en Virginie, pour amener les agents et analystes de la CIA à adhérer à leur vision des choses. Le *National Intelligence Estimate*, le rapport confidentiel remis à la présidence et estimant une situation selon les sources les mieux informées et les renseignements les plus sensibles, est même réécrit en 2002 afin de présenter l'Irak comme détenteur d'armes de destruction massive. Cela, en totale contradiction avec les rapports précédents qui affirmaient rigoureusement le contraire ! Enfin, Bush, Cheney et Rumsfeld écartent des postes de direction tous les experts les plus chevronnés du monde arabe afin de ne conserver autour d'eux que des partisans.

Au départ, les États-Unis envisagent obtenir l'accord de l'ONU pour monter, comme en 1990, une coalition internationale contre l'Irak. À la demande des États-Unis, le débat s'ouvre donc au Conseil de sécurité de l'ONU. Les Américains, soutenus par leurs alliés notamment britanniques, affirment disposer de preuves de l'existence d'armes irakiennes de destruction massive. Mais beaucoup de pays, à juste titre, émettent des doutes.

Le Conseil de sécurité se divise. Le 5 février 2003, Colin Powell, le secrétaire d'État américain, se présente à l'ONU avec la lourde tâche de défendre une position qu'il sait au mieux fragile, au pire totalement fausse. Il passe pour être l'un des plus modérés de l'administration Bush. Son discours reprend cependant point par point tous les mensonges sur les armes de destruction massive détenues en Irak. En est-il conscient ? Jusqu'à sa mort en 2021, il a affirmé regretter ce discours et n'avoir menti qu'« à l'insu de son plein gré ». Il aurait été trompé par la CIA et aurait cru les rapports qu'on lui aurait transmis.

En tant qu'homme politique chevronné et respecté, il sait pourtant très bien qu'en parlant à l'ONU, il apporte sa crédibilité à toute cette histoire. En agissant ainsi, il se montre solidaire du reste de l'administration Bush.

Les fausses preuves s'accumulent lors de sa prise de parole, Colin Powell se mettant même en scène. Il agite devant une assistance stupéfaite une fiole remplie d'une poudre blanche qu'il présente comme de l'anthrax, des bactéries provoquant la maladie du charbon et utilisées alors dans un but terroriste. C'était peut-être de la farine, personne n'est allé vérifier.

Son discours ne suffit pas à rallier la majorité des pays. Même les alliés les plus traditionnels des États-Unis prennent leurs distances et critiquent cette volonté belliciste. La France refuse d'entrer en guerre et menace d'utiliser son veto. Pour le président français Jacques Chirac, une opération militaire ajouterait des tensions dans une région troublée, ce qui provoquerait le chaos en Irak et plus largement dans la région.

Le 14 février 2003, Dominique de Villepin, le ministre français des Affaires étrangères, fait à cette occasion un discours majeur. Il plaide pour la poursuite du processus engagé par l'ONU, le contrôle de l'arsenal irakien pour vérifier qu'aucune arme de destruction massive ne s'y trouve. « Dans ce temple des Nations unies, affirme-t-il, nous sommes les gardiens d'un idéal, nous sommes les gardiens d'une conscience. La lourde responsabilité et l'immense honneur qui sont les nôtres doivent nous conduire à donner la priorité au désarmement dans la paix. Et c'est un vieux pays, la France, d'un vieux continent comme le mien, l'Europe, qui vous le dit aujourd'hui, qui a connu les guerres, l'occupation, la barbarie. Un pays qui n'oublie pas et qui sait tout ce qu'il doit aux combattants de la liberté venus d'Amérique et d'ailleurs. Et qui pourtant n'a cessé de se tenir debout face à l'Histoire et devant les hommes. » Les mots de Dominique de Villepin font mouche. Fait rare au Conseil de sécurité de l'ONU, son discours est applaudi.

Face à un refus qui s'annonce aux Nations Unies, les Américains décident unilatéralement une intervention en Irak. Peu de responsables politiques osent s'y opposer, de peur d'être taxés d'antipatriotisme. Un sénateur démocrate de l'Illinois jusqu'alors inconnu, un certain Barack Obama, est l'un des rares à critiquer dès l'automne 2002 ce projet d'invasion qui ne peut que « renforcer les recruteurs d'al-Qaïda ». Les Français, qui apparaissent comme l'obstacle majeur à l'ONU, subissent une campagne médiatique très violente aux États-Unis, accusés d'être des lâches et des ingrats ayant oublié le rôle des Américains dans la libération du pays en 1944. La francophobie est à son maximum. Des gestes symboliques ont lieu devant les caméras pour montrer le rejet de la France : on verse des bouteilles de vin dans le caniveau ou l'on renomme les frites (« *french fries* » en anglais, frites françaises) de la cantine de la Maison-Blanche en « *freedom fries* » (frites de la liberté). Aux yeux du pouvoir et des médias américains conservateurs, la « vieille Europe » refuse de voir les évolutions du monde.

L'administration Bush n'a de toute manière que faire de toutes ces oppositions. Faute d'un mandat clair des Nations unies, elle organise sa propre coalition avec une trentaine de pays, regroupant ses alliés traditionnels comme les pays anglo-saxons parmi lesquels le Royaume-Uni, le Canada ou l'Australie et quelques pays européens qu'on appelle « atlantistes » car proches des États-Unis, notamment l'Espagne, l'Italie et la Pologne.

Le 20 mars 2003 commence ainsi l'opération « Iraqi Freedom » (liberté irakienne). Une fois de plus, les combats sont rapides et durent cinq semaines.

Saddam Hussein, qui tentait de fuir le pays, est arrêté en décembre 2003. Après un procès expéditif, il est condamné à mort et pendu en décembre 2006.

Mais l'Irak sombre alors dans le chaos et les troupes américaines peinent à contrôler le pays et à rétablir l'ordre.

La coalition doit rester engagée sur place et y mène une guerre asymétrique qui se transforme vite en guérilla et même en guerre civile entre les différents groupes ethniques et religieux du pays (chiites, sunnites, kurdes). Des milices d'opposition et surtout des mouvements islamistes prospèrent dans ce chaos duquel émerge Daesh, constitué au départ de partisans d'al-Qaïda et d'anciens officiers de l'armée de Saddam Hussein. Les attentats se multiplient. Bagdad devient l'une des villes les plus dangereuses du monde. Conséquence paradoxale : l'Iran, pourtant hostile aux États-Unis, est débarrassé grâce à leur intervention de leur ennemi régional. Dans le monde, l'image des États-Unis ressort très dégradée du conflit et des manifestations massives critiquent cette intervention et l'action du président George W Bush.

Surtout, l'Irak se transforme en une sorte de bourbier pour les Américains à l'image de ce que fut le Vietnam. À partir de 2009, Barak Obama décide un désengagement progressif des forces américaines. Ce retrait s'achève en 2011, après plus de huit ans de présence en Irak.

Trois ans plus tard, en 2014, les Américains reviennent, mais cette fois-ci pour lutter contre les islamistes de Daesh. Aucune preuve de la présence d'armes de destruction massive sur le territoire irakien ne sera jamais mise au jour.

POUR ALLER PLUS LOIN

CHAPITRE PREMIER

Articles

VERNUS Pascal, « Une conspiration contre Ramsès III », *Égypte Afrique & Orient*, 35, octobre 2004, 11-20.

KŒNIG Yvan, « À propos de la conspiration du harem », *Bulletin de l'Institut français d'archéologie orientale*, 101, 2001, p. 293-314.

Ouvrages

AGUT Damien, MORENO GARCIA Juan Carlos (dir.), *L'Égypte des pharaons. De Narmer, 3150 av. J.-C. à Dioclétien, 284 ap. J.-C.*, Paris, Belin, 2016.

GRANDET Pierre, *Ramsès III. Histoire d'un règne*, Paris, Pygmalion, 1993, chap. 2 : « Rome. 63 avant notre ère ».

VERNUS Pascal, *Affaires et scandales sous les Ramsès. La crise des valeurs dans l'Égypte du Nouvel Empire*, Paris, Pygmalion, 1993.

CHAPITRE 2

Articles

MILLOT Romain, « Catilina, pour combien de temps encore ? Actualités bibliographiques sur un conspirateur trop connu », *Anabases*, 25, 2017, p. 111-136.

VIRLOUVET Catherine, « La conjuration de Catilina : Rome en danger ? », *L'Histoire*, collections 33, octobre-décembre 2006.

Ouvrages

GRIMAL Pierre, *Cicéron*, Paris, Tallandier, « Texto », 2012.

ROMAN Yves, *Cicéron*, Paris, Fayard, 2020.

VIRLOUVET Catherine, Tran Nicolas, Faure Patrick, *Rome. Cité universelle. De César à Caracalla, 70 avant Jésus-Christ-212 après Jésus-Christ*, Paris, Belin, « Mondes anciens », 2018.

CHAPITRE 3

Articles

LE BOHEC Yann, « César face aux poignards », *Le Monde histoire et civilisations*, 70, mars 2021, p. 22-40.

MARTIN Paul M., « L'assassinat de Jules César », *L'Histoire*, 93, octobre 1986, p. 38-46.

Ouvrages

BADEL Christophe, *César*, Paris, PUF, 2019.

ÉTIENNE Robert, *Les Ides de Mars. L'assassinat de César ou de la dictature ?*, Paris, Gallimard, 1974.

LE BOHEC Yann, *César chef de guerre*, Paris, Tallandier, « Texto », 2019.

SCHMIDT Joël, *Jules César*, Paris, Gallimard, « Folio », 2005.

CHAPITRE 4

Articles

AUZÉPY Marie-France, « Irène et les images », *L'Histoire*, 319, avril 2007.

DUMEZIL Bruno, « Constantin et Irène. Un désamour qui crève les yeux », *Historia*, 880, avril 2020.

SORLIN Irène, « Les Plus Belles Impératrices sont à Byzance », *L'Histoire*, 246, septembre 2000.

Ouvrages

BARBE Dominique, *Irène de Byzance. La femme empereur. 752-803*, Paris, Perrin, 2006.

KAPLAN Michel, *Pourquoi Byzance ? Un empire de onze siècles*, Paris, Gallimard, « Folio », 2016.

CHAPITRE 5

Articles

BALARD Michel, « Le sac de Constantinople », *L'Histoire*, 268, septembre 2002.

FREREJEAN Alain, « Le doge de Venise détourne la croisade vers Constantinople », *Historia*, 688, avril 2004.

KAPLAN Michel, « 1054 et 1204, la fracture avec l'Occident », *L'Histoire*, hors-série, 80 : *Byzance, l'empire de mille ans*, septembre 2018, p. 70-75.

Ouvrages

BALARD Michel, *Les Latins en Orient. XIe-XVe siècle*, Paris, PUF, « Nouvelle Clio », 2006.

Croisades et Orient latin. XIe-XIVe siècle, Paris, Armand Colin, « U », 2010.

HEERS Jacques, *Chute et mort de Constantinople. 1204-1453*, Paris, Perrin, « Tempus », 2007.

CHAPITRE 6

Articles

PERNOUD Régine, « L'épopée tragique des Templiers », *Historia*, mars 2019.

THÉRY Julien, « Une hérésie d'État, Philippe le Bel, le procès des "perfides templiers" et la pontification de la royauté française », *Médiévales*, 60, printemps 2011. https://journals.openedition.org/medievales/6222.

Ouvrages

BARBER Malcolm, *Le Procès des Templiers*, Paris, Tallandier, « Texto », 2007.

DEMURGER Alain, *La persécution des Templiers. Journal (1307-1314)*, Paris, Payot, 2015.

Podcast

Très bon podcast de « Fréquence Médiévale » autour du procès des templiers avec Alain Demurger.

CHAPITRE 7

Articles

BARRY Stéphane, GUALDE Norbert, « La plus grande épidémie de l'histoire », *L'Histoire*, 310, juin 2006.

GENET Jean-Philippe, « La peste noire, une catastrophe naturelle ? », *L'Histoire*, 86, janvier-mars 2020.

RENOUARD Yves, « La peste noire de 1348-1350. L'événement le plus important du XIVe siècle », *Commentaire*, 170, 2020/2, p. 299-308.

Ouvrages

BERCHE Patrick, Perez Stanis, *Pandémies. Des origines à la Covid-19*, Paris, Perrin, 2021.

LANNOY François de, *Pestes et épidémies au Moyen Âge*, Rennes, Ouest-France, 2018.

SIGNOLI Michel, COSTEDOAT Caroline, *La Peste noire*, Paris, PUF, « Que sais-je ? », 2021.

VITAUX Jean, *Histoire de la peste*, Paris, PUF, 2010.

CHAPITRE 8

Article

BORIAUD Jean-Yves, « L'imprudente conjuration des Pazzi », *Historia*, 864, décembre 2018.

Ouvrages

BORIAUD Jean-Yves, *La Fortune des Médicis. Le siècle d'or de Florence*, Paris, Perrin, 2019.

BRION Marcel, *Les Médicis.* XIV-XVIIIe *siècle*, Paris, Tallandier, « Texto », 2021.

HEERS Jacques, *Le Clan des Médicis*, Paris, Perrin, « Tempus », 2012.

MARTINES Lauro, *Le Sang d'avril. Florence et le complot contre les Médicis*, Paris, Albin Michel, 2006.

CHAPITRE 9

Article

DEDEBANT Christèle, « Amboise, le balcon des pendus : l'impitoyable répression des conjurés protestants », *Géo Histoire*, 45, juin 2019.

Ouvrages

JOUANNA Arlette, *La France du* XVIe *siècle. 1483-1598*, Paris, PUF, 2012.

Le Devoir de révolte. La noblesse française et la gestation de l'État moderne. 1559-1661, Paris, Fayard, « Nouvelles études historiques », 1989.

JOUANNA Arlette, BOUCHER Jacqueline, BILOGHI Dominique, LE THIEC Guy, *Histoire et dictionnaire des guerres de religion*, Paris, Robert Laffont, « Bouquins », 1998.

LEROUX Nicolas, *Guerres et paix de religion. 1559-1598*, chap. 10, Paris, Belin, 2014.

CHAPITRE 10

Ouvrages

JETTOT Stéphane, RUGGIU François-Joseph, *L'Angleterre à l'époque moderne. Des Tudors aux derniers Stuarts*, Paris, Armand Colin, « U », 2021.

COTTRET Bernard, *Histoire de l'Angleterre*, Paris, Tallandier, « Texto », 2019.

FRASER Antonia, *The Gunpowder Plot: Terror & Faith in 1605*, Londres, Phoenix, 2002.

CHAPITRE 11

Ouvrages

ERLANGER Philippe, *Cinq-Mars et la passion ou la fatalité*, Paris, Perrin, 1997.

Richelieu, Paris, Perrin, « Tempus », 2006.

HILDESHEIMER Françoise, *Richelieu*, Paris, Flammarion, 2021.

PETITFILS Jean-Christian, *Louis XIII*, Paris, Perrin, 2008.

SOLNON Jean-François, *Histoire des favoris*, Paris, Perrin, 2019.

CHAPITRE 12

Articles

CHEVE Joëlle, « La Voisin, la sorcière mal-aimée », *Historia*, spécial 22, mars-avril 2015.

DREVILLON Hervé, « La sorcière et le roi : l'affaire des poisons », *L'Histoire*, collections 33, octobre-décembre 2006.

PETITFILS Jean-Christian, « L'affaire des poisons : psychose à la cour de Louis XIV », *Le Monde. Histoire et civilisations* n° 52, juillet-août 2019, p. 50-61.

Ouvrages

PETITFILS Jean-Christian, *L'Affaire des poisons*, Paris, Perrin, « Tempus », 2013.

QUETEL Claude, *L'Affaire des Poisons. Crime, sorcellerie et scandale sous le règne de Louis XIV*, Paris, Tallandier, « Texto », 2021.

CHAPITRE 13

Article

MARTIN Jean-Clément, « Chronique d'un coup d'État », *L'Histoire*, 433, mars 2017.

Ouvrages

LEUWERS Hervé, *Robespierre*, Paris, Fayard, 2014.
MARTIN Jean-Clément, *Robespierre. La fabrication d'un monstre*, Paris, Perrin, « Tempus », 2018.

CHAPITRE 14

Article

SALOMÉ Karine, « L'attentat de la rue Nicaise en 1800 : l'irruption d'une violence inédite ? », *Revue d'Histoire du XIXe siècle*, 40, 2010.

Ouvrages

BOUDON Jacques-Olivier, *Histoire du Consulat et de l'Empire*, Paris, Perrin, « Tempus », 2003.
L'Empire des polices. Comment Napoléon faisait régner l'ordre, Paris, Vuibert, 2017.
LENTZ Thierry, *Le Grand Consulat. 1799-1804*, Paris, Fayard, 2014.
WARESQUIEL Emmanuel de, *Fouché. Les silences de la pieuvre*, Paris, Tallandier/Fayard, 2014.

Chapitre 15

Articles

Ancery Pierre, « Le mythe de l'extrême droite des années 1920 : le "judéo-bolchevisme" », *Retronews* (le site de presse de la BNF), 1er novembre 2017.

Audureau William, « "*Les Protocoles des sages de Sion*". *Fake news* antisémite à succès des années 1920 », *Le Monde*, 15 août 2021.

Bock Fabienne, « *Les Protocoles des Sages de Sion* : un faux qui a la vie dure », *Raison présente*, 4, 2018, p. 95-102.

Ouvrages

Eisner Will, *Le Complot. L'histoire secrète des Protocoles des Sages de Sion*, Paris, Grasset, 2018.

Taguieff Pierre-André, *Les Protocoles des Sages de Sion. Faux et usages d'un faux*, Paris, Fayard, 2004.

Chapitre 16

Articles

Bergougniou Jean-Michel, « L'affaire des empoisonneurs », *Gavroche. Revue d'histoire populaire*, 119, septembre-octobre 2001.

Simon Pierre-Jean, « L'Indochine française : bref aperçu de son histoire et des représentations coloniales », *Hommes et Migrations*, 1234, novembre-décembre 2001.

Monnais Laurence, « Des poisons qui en disent long : les fonctions de l'arsenal thérapeutique traditionnel du Viêtnam colonisé (1860-1954) », *Frontières*, 16/1, 2003, https://doi.org/10.7202/1073756ar.

Nguyễn Thế Anh, « 1908 et la remise en question du rôle de l'élite dirigeante des lettrés », *Vietnam. Le moment moderniste* [en ligne], Aix-en-Provence, Presses universitaires de Provence, 2009 (généré le 19 mars 2022).

Ouvrages

GENDRE Claude, *Le Dê Thám (1858-1913). Un résistant vietnamien à la colonisation française*, Paris, L'Harmattan, 2007.

KLEIN Jean-François, *Pennequin. Le sorcier de la pacification. Madagascar-Indochine (1849-1916)*, Paris, Hémisphères/ Maisonneuve & Larose, 2021.

Thèse non publiée

SOUBRIER Stéphanie, « *Races guerrières* ». *Armée, science et politique dans l'empire colonial français (années 1850-1918)*, sous la direction de Dominique Kalifa et Sylvain Venayre, université Paris 1 Panthéon-Sorbonne, soutenue le 25 novembre 2019.

CHAPITRE 17

Articles

JEANNIN Marine, « Qui était Raspoutine, l'homme qui murmurait à l'oreille des Romanov ? », *Géo Histoire*, décembre 2020.

LAURENT Natacha, « Le mystère Raspoutine », *L'Histoire*, collections 19, avril-juin 2003.

« L'assassinat de Raspoutine », *L'Histoire*, 203, octobre 1996.

Ouvrages

FEDOROVSKI Vladimir, *Le Roman de Raspoutine*, Paris, Le Livre de poche, 2013.

SPIRIDOVITCH Alexandre, *Raspoutine. 1863-1916*, Paris, Éditions des Syrtes, 2015.

SUMPF Alexandre, *Raspoutine*, Paris, Perrin, 2016.

VITAUX Jean, *Les Petits Plats de l'Histoire*, Paris, PUF, 2012.

CHAPITRE 18

Article

LÉCUREUR Bertrand, « “L'autre Allemagne”, la résistance intérieure au nazisme, un aspect particulier des manuels d'Histoire allemandes publiés depuis 1950 », *Tréma*, 29, 2008.

Ouvrages

BOESELAGER Philipp von, *Nous voulions tuer Hitler. Le dernier survivant du complot du 20 juillet 1944*, Paris, Perrin, « Tempus », 2009.

KERSHAW Ian, *L'Opération Walkyrie. Juillet 1944. La chance du diable*, Paris, Flammarion, 2014.

CHAPITRE 19

Articles

KASPI André, « Maccarthysme : la peur américaine », *L'Histoire*, 27, octobre 1980.

RAMOS Raphaël, « La CIA à l'épreuve du maccarthysme », *Vingtième Siècle. Revue d'histoire*, 140/4, 2018, p. 97-108.

Ouvrage

TOINET Marie-France, *La Chasse aux sorcières. 1947-1957*, Bruxelles, Complexe, 1999.

CHAPITRE 20

Articles

« Mossadegh tombe sous les coups de la CIA », *L'Humanité*, 7 juin 2013.

LEBEAU Richard, « Coup d'État pour du pétrole », *Historia*, 678, juin 2003.

Ouvrages

BOMATI Yves, NAHAVANDI Houchang, *Mohammad Réza Pahlavi*, Paris, Perrin, « Tempus », 2019.

DJALILI Mohammad-Reza, Kellner Thierry, *Histoire de l'Iran contemporain*, Paris, La Découverte, 2017.

LAÏDI Ali, *Histoire mondiale de la guerre économique*, Paris, Perrin, 2016 p. 409-435.

CHAPITRE 21

Articles

MEUNIER Marianne, « Pourquoi on a assassiné Patrice Lumumba », *La Croix. L'hebdo*, 7 janvier 2021.

VENDRELY Mathieu, « 17 janvier 1961 : de l'assassinat de Patrice Lumumba à la naissance d'une idéologie lumumbiste », TV5 Monde, 15 janvier 2021.

Ouvrages

DE WITTE Ludo, *L'Assassinat de Lumumba*, Paris, Karthala, 2000.

WILLAME Jean-Claude, *Patrice Lumumba. La crise congolaise revisitée*, Paris, Karthala, 1990.

RAMONDY Karine, *Leaders assassinés en Afrique centrale. 1958-1961. Entre construction nationale et régulation des relations internationales*, Paris, L'Harmattan, 2020.

Podcast

FIRTION Pierre, *Lumumba. La mécanique d'un assassinat*, RFI, grand reportage.

CHAPITRE 22

Articles

DELARUE Jacques, « Objectif n° 1 : tuer de Gaulle ! », *L'Histoire*, 102, juillet-août 1987.

RIOUX Jean-Pierre, « Bastien-Thiry, l'homme qui voulut tuer de Gaulle », *L'Histoire*, 168, juillet-août 1993.

Ouvrages

DELARUE Jacques, *L'OAS contre de Gaulle*, Paris, Fayard, 1982.

JEANNENEY Jean-Noël, *Un attentat. Petit-Clamart. 22 août 1962*, Paris, Seuil, 2018.

JACKSON Julian, *De Gaulle. Une certaine idée de la France*, Paris, Seuil, 2019.

RUSCIO Alain, *Nostalgérie. L'interminable histoire de l'OAS*, Paris, La Découverte, 2015.

STORA Benjamin, *La Gangrène et l'Oubli. La mémoire de la guerre d'Algérie*, Paris, La Découverte, 2005.

CHAPITRE 23

Ouvrages

BERNSTEIN Carl, Woodward Bob, *Les Fous du président*, Paris, Gallimard, 2005.

COPPOLANI Antoine, *Richard Nixon*, Paris, Fayard, 2013.

HURET Romain, *De l'Amérique ordinaire à l'État secret. Le cas Nixon*, Paris, Presses de Sciences Po, 2009.

KASPI André, *L'Affaire du Watergate*, Paris, Complexe, 1983.

KAUFFER Rémi, *Les Hommes du président. Les chefs d'État et leurs services secrets*, Paris, Perrin, 2018.

WOODWARD Bob, *Gorge profonde. La véritable histoire de l'homme du Watergate*, Paris, Folio, 2007.

CHAPITRE 24

Articles

BATAILLON Gilles, « 11 septembre 1973, anatomie d'un coup d'État », *L'Histoire*, 391, septembre 2013.

BOURDÉ Guy, « L'échec d'Allende (1970-1973) », *L'Histoire*, 48, septembre 1982.

COMPAGNON Olivier, « La prise du pouvoir par Pinochet », *L'Histoire*, 279, septembre 2003.
SEGOVIA Alfredo Riquelme, « La dictature de Pinochet », *L'Histoire*, 391, septembre 2013.

Ouvrages

CASTILLO Eduardo, *Chili, 11 septembre 1973. La démocratie assassinée*, Paris, Le Serpent à plumes, 2003.
FAURE Michel, *Augusto Pinochet*, Paris, Perrin, 2020.
GUEZ Olivier (dir.), *Le Siècle des dictateurs*, Paris, Perrin, 2019.
HUCHON Thomas, *Salvador Allende. C'est une idée qu'on assassine*, Paris, Eyrolles, 2013.

CHAPITRE 25

Articles

FILIU Jean-Pierre, « Le spectre d'Al-Qaïda », *Revue internationale et stratégique*, 75/3, 2009, p. 101-104.
KHALIDI Rashid, « Histoire d'un désengagement », *L'Histoire*, 487, septembre 2021, p. 30-41.
Entretien avec Michael Barkun, « On nous cache tout », texte traduit par Véronique Voruz, *La Cause du désir*, 90/2, 2015, p. 96-102.
AUDUREAU William, DAGORN Gary, « 11-Septembre : les huit principales théories du complot décortiquées », *Le Monde*, 11 septembre 2021.

Ouvrages

BACHARAN Nicole, SIMONNET Dominique, *11 Septembre. Le jour de chaos*, Paris, Perrin, 2021.
BOUTHIER Baptiste, CHOCHOIS Héloïse, *11 septembre 2001. Le jour où le monde a basculé*, Paris, Dargaud, 2021.
FILIU Jean-Pierre, *La Véritable Histoire d'Al-Qaïda*, Paris, Fayard, 2011.

KANDEL Maya, *Les États-Unis et le monde. De George Washington à Donald Trump*, Paris, Perrin, 2018.
KHALIDI Rachid, *L'Empire aveugle. Les États-Unis et le Moyen-Orient*, Arles, Actes Sud, 2004.
LAURENS Henry, *L'Orient arabe à l'heure américaine*, Paris, Fayard, « Pluriel », 2008.

REMERCIEMENTS

Merci à ma famille pour son soutien dans chaque projet que je mène.

Merci à Stéphane Genêt d'avoir accepté de partager cette aventure avec moi. Merci à Tallandier et à toute son équipe, pour son formidable soutien et sa bonne humeur.

Benjamin

L'écriture d'un livre suppose de nombreuses heures volées à ceux qui nous sont les plus chers.

Merci donc à ma compagne et à mon fils d'avoir eu toute la patience et l'indulgence nécessaires.

Et merci à Benjamin de m'avoir embarqué dans cette belle conspiration.

Stéphane

TABLE

Certifié PEFC

Ce produit est issu de forêts gérées durablement et de sources contrôlées.

PEFC™ 10-31-1510

pefc-france.org

Achevé d'imprimer par
Corlet Imprimeur
14110 Condé-en-Normandie

Réalisation : Nord Compo à Villeneuve-d'Ascq
Dépôt légal : août 2022
ISBN : 979-10-210-4800-3
N° d'édition : 4802
N° d'impression : 22050352
Impression en France